吉田貴文

世論調査と政治

数字はどこまで信用できるのか

講談社+α《プラスアルファ》新書

プロローグ　「支持率政治」が始まった

もし世論調査がなかったら

もしもいま、日本の政治から世論調査が消えたらどうなるか。

首相は気が楽になるだろう。ことあるごとに支持率は何パーセント、不支持率は何パーセントと新聞紙上やテレビで「勤務評定」されなくてすむ。ただ、自分は国民に人気があると自信がある人なら張り合いがなくなるかもしれない。

政治家はどうか。所属政党の支持率に一喜一憂する必要はなくなる。しかし、自分たちがどう見られているかの目安がなくなり、不安を感じるかもしれない。

有権者はどうか。世論調査に答える煩《わずら》わしさはなくなるが、内閣への評価や政策への賛否を表す機会が奪われ、物足りなくなるだろう。

世論調査には民主政治を補完する機能があるといわれる。有権者の政治へのスタンスを端的に示すのは選挙なのだが、手間もお金もかかるので、のべつまくなしにするわけにはいかない。そのかわりに世論調査を有権者の意思を示す「国民投票」として使い、民意とするわけだ。世論調査は民主政治にとって欠かせないものだ。

「世論調査政治」は行きすぎか

そんな大切な世論調査ではあるが、いささか行きすぎではないかという声が最近、目立つ。世論調査結果によって政治家が右往左往する世論調査政治に堕《だ》しているのではないかというのだ。

その象徴が内閣支持率だ。かつて内閣支持率は高いに越したことはないが、それだけで内閣の命運が決まるというものではなかった。最近は支持率と内閣の命運が、かつてなく強く結びつき、支持率の低さが内閣の致命傷になるのが実情だ。

内閣支持率が存在感を増したのだろう。理由として考えられることはいくつかある。第一は、内閣支持率の性格の変化だ。内閣支持率は明らかに以前とは変質している。それが、本書を書かなければいけないと筆者が思った理由でもある。どういうことか説明しよう。

ここ数年、わけても小泉純一郎内閣以降の内閣支持率調査回数の増え方はすさまじい。大手マスメディアの月ごとの調査はすっかり定着。政治的な事件があれば緊急調査が実施され、すぐに支持率が発表される。ちなみに朝日新聞は07年の参議院選挙前、毎週1回の世論調査を11週連続して行い、そのつど内閣支持率を報じた。支持率は週替わりで激しく上下した。

たとえていえば、これまで年1回の定期健診で体調をチェックしていたのが、少しでも異変があればすぐに検査をするようになったのである。もともと異変を調べるのだから、血圧や血糖値の変動は定期健診のときより大きくなる。同じように、緊急調査の内閣支持率は直前の政治的出来事の影響を受け、より大きく上下する。内閣支持率が政治に与えるインパクトも、そのぶん強くなる。

第二は、内閣支持率を取り巻く政治環境の変化だ。自民党の一党優位体制であった「55年体制」の下では、内閣支持率が高くなくても党内派閥を抑えていれば政権を維持できた。逆に内閣支持率が高くても、派閥の論理に背《そむ》けば、政権は崩壊した。

近年、事態は大きく変わった。いまや内閣支持率の落ち込みは一大事である。首相は支持率回復のためにあらゆる手だてを講じなければ、思うような政権運営はできない。最大派閥出身の首相の内閣であっても、支持率が低ければ安閑としていられない。逆に支持率が高い首相は、党内に反対勢力を多く抱えていても、自信をもって政権運営にあたれる。

内閣支持率が重視されるようになった最大の理由は、96年の衆議院総選挙への小選挙区制導入であろう。一つの選挙区から一人しか当選しない小選挙区制は、世論の風向きの影響をもろに受ける。「選挙に落ちればただの人」である政治家は、複数が当選した中選挙区制の頃よりも、ずっと世論の動向に敏感になっている。

議院内閣制では、議会で多数を占めた与党が内閣を作り、政治をつかさどる。内閣が支持されなければ、選挙で与党の議員は不利になるわけだが、それでも中選挙区制の頃は、与党（つまり自民党）から複数候補が出ていたこともあって、「自分は与党に属するが、いまの内閣とは考えが違う」と言う余地があった。

しかし、小選挙区制のもとでは、与党を代表する唯一の候補として「内閣とは考えが違う」とは言いにくい。与党の政治家にとって、内閣の評価が選挙の当落に直結する度合いが強まっている。内閣の支持率が低ければ、身内である与党の議員から「選挙なんてとんでもない。選挙の前に内閣は代われ！」となるのである。

世論に頼り判断する政治家

政治における世論調査の存在感の増大は、なにも内閣支持率に限った現象ではない。このところ政治家が政策の賛否を決めるのに、「世論調査の動向を見て」と言う光景をよく目にする。

もちろん世論に基づいて政治を進めるのは、民主政治では当たり前である。しかし、以前の政治家が世論を意識しつつも、ときに世論をリードしようとしたのに対し、いまの政治家は世論に寄りかかり、その動向によって判断する姿勢が目につく。世論をリードしようという気概がどこか希薄に思えてならない。しかも、その世論は世論調査が明らかにする世論なのである。

このような政治と世論・世論調査との関係を、私たちはどう評価するべきなのだろう。世論・世論調査が政治を左右することは望ましいことなのか、そうではないのか。

繰り返しになるが、民主主義の政治が世論を気にかけ、配慮するのは正しい。自民党内の派閥の力関係で政治が決まっていたかつての日本政治を思えば、何はともあれ民意が重視されるようになってきた、いまの政治は悪くはない。

しかし、その一方で、世論調査がかつてないほど大きな影響力をもつようになった政治の現状が、なんら問題を抱えていないかというと、そうとはいいきれない。

第一の問題は、過ぎたるは及ばざるがごとしというべきか、政治が世論調査に左右されすぎてはいないかということである。

世論に翻弄された安倍、福田内閣

たとえば安倍晋三内閣だ。国民的な人気にのって、あれよあれよという間に首相候補に浮上、一気に頂点を極めた安倍氏は、自らの経験不足を人気——世論の支持——で補《おぎな》おうとした。にもかかわらず、首相就任後の安倍氏は内閣支持率の低下に痛々しいほど翻弄《ほんろう》された。

07年7月の参議院選挙の前の年金記録問題をめぐるドタバタで内閣支持率が下がった安倍首相は矢継ぎ早に対策を打ち出すが、内閣支持率は好転しない。最後は安倍首相自らテレビで熱弁をふるい、「安心してください」「任せてください」と訴えたが、有権者は悲しいほど無反応で、内閣支持率アップに結実しなかった。

支持率不振のまま突入した参院選で、自民党は歴史的な惨敗を喫し、安倍首相は体調の悪化もあって、9月に在任1年で退陣する。支持率の高さゆえに首相となった安倍氏。もっとあからさまにいえば、高い人気で選挙を勝つために誕生した安倍内閣は、支持率が下がれば、レゾンデートル（存在理由）を失う運命にあったのである。

福田康夫内閣もしかりであった。スタート時点でこそ半数超と、そこそこの高水準でスタートした支持率だが、その後、だらだらと低下。起死回生を狙った08年8月の内閣改造の効果もそれほどではなく、総選挙を前にして退陣を求める声が与党内から出た。結局、安倍内閣に続いて総選挙を待たず（できず）「政権放り投げ」に至った。

最近の政治のなんともいえない落ち着きのなさの一因に、世論調査に対する痛いほどに鋭敏な対応があるのは間違いないだろう。

耳に痛いことを言わない政治になる

世論調査政治が抱えるもう一つの問題は、政治が世論を気にするあまり、国民の耳に痛いことを言わなくなったことだ。大衆迎合のポピュリズム政治に陥《おちい》る危険が増しているのではないか。

小泉純一郎内閣のもとでのテレビ政治（テレポリティクス）の興隆と相まって、政治のポピュリズム化への懸念《けねん》がさまざまな場面で語られている。国民受けする「言葉」が政治の世界にはびこり、耳障《みみざわ》りではあるが、やらなければならない課題に関する「言葉」が語られなくなったという指摘は少なくない。そこに見え隠れするのは、世論に対する怯《おび》えである。

――自らかえりみてなおくんば千万人といえどもわれ往《ゆ》かん

自分が正しいと信じれば、1千万人が反対しても進む。幕末の志士、吉田松陰が好んだこの孟子の言葉を現在に合わせて焼き直せば、

――千万人がいえばわれ行かん

とでもいえようか。世論（千万人）の支持が得られれば進むというわけだ。

政治がそれでよいものか。

多種多彩な調査が混在

それこそ、ありとあらゆる世論調査が行われているなか、どの世論調査を信用していいのかという問題もある。それぞれの調査から出た結果を、受け手の側である国民がどう理解すればよいのかということである。

近年のマスメディアによる世論報道を見ると、実に多様な世論調査が混在しているのに驚かされる。伝統ある対面による面接調査がよろめきながら続いている一方で、手軽で迅速《じんそく》な電話による調査が頻繁《ひんぱん》に行われる。インターネットを使った調査が珍しくなくなったかたわら、昔ながらの郵送による調査も見直されるという具合である。

調査方法が違えば、得られる結果も異なる。たとえば、電話調査の結果は、面接調査のそれに比べて変化が鋭く出るとされる。ネット調査は、現段階では従来の世論調査とは明らかに別ものである。

こうしたことをきちんと理解したうえで、それぞれの調査の結果を扱うのならば、なんら問題はないのだが、注意を払わず、結果をぞんざいに扱えば、歪《ゆが》んだ政治的なメッセージを発しかねないリスクがある。せっかくの調査が歪んだ世論を世間に提供したら、なんのための調査かわからなくなる。

世論調査大国の処方箋

日本で世論調査が大々的に実施されるようになったのは戦後である。それから60年。日本は世界でも有数の世論調査大国になった。と同時に、ここまで述べてきたような弊害もまた、目立つようになった。いま必要なのは、こうした弊害をどうやって克服していくかである。

処方箋は大きく分けて3つある。

第一に、世論調査が示す結果は「世論」の一つの形だと認識すること。「世論」とは何であるかを定義するのは非常に難しく、それだけで一冊の本が書けるほど深いテーマである。「世論」は多面的なのだ。

世論調査が示す世論は、その調査が行われた時点の、その調査方法による、人々の意見の集約にすぎない。もちろんそれは、まごうかたなき「世論」の一つではあるが、それが唯一無比というわけではない。世論調査の結果を絶対視する必要はない。

第二に、世論調査に頼りすぎてはいけないということだ。

世論調査とは、いってみれば血液検査のようなものだ。そこで得られた数値は体内に病変があるかないかを示してくれる。しかし、数値をいくら眺めていても、病気そのものが治るわけではない。病気の元凶となっている部位に適切な処置を施《ほどこ》さなくては、病《やまい》はよくならない。処置を考えるのは、数値を読み解く医者である。

世論調査は、社会で起きている「出来事」に潜《ひそ》む問題点をくっきりと浮き彫りにしてはくれる。しかし、世論調査自体をいじってみても問題を解決できはしない。問題が政治的なものであれば、解決するのはあくまでも政治家である。政治家は世論調査の結果から、民意を正しく読み取り、社会問題の解決策を示すべきだろう。

第三に、とりわけ有権者の側にいえることだが、正しい世論調査の読み方を身につけることだろう。世論調査リテラシーといっていい。

現在、世論調査という名で行われている調査は、統計的にしっかりした調査から、統計的に問題を抱える調査まで、それこそ千差万別である。世論調査に無知なまま、マスメディアが提供する調査の海に投げ込まれたら、溺《おぼ》れてしまうのは火を見るよりも明らかだ。面接、電話、ネット、郵送などの世論調査にはそれぞれどういう特徴があるのか、結果はどう読んだらよいのか、調査の海で泳ぐ前に知っておきたいことは、それこそ山ほどある。そのすべてを習得しろとまではいわないけれども、タチの悪い世論調査に騙されないためにも、最低限の知識は身につけておきたい。

なぜ世論調査は大切なのか

世の中に世論調査や社会調査の欠陥、問題点を指摘する書物は少なくない。しかし、本書を書くにあたり、筆者は「政治にとって世論調査は大切だ」という立場から筆を進めたいと思う。

なぜ、世論調査は政治にとって大切なのか。

戦後、世論調査が日本に本格的に導入されたとき、それに取り組んだマスメディアや政府の人たちの間には、「世論調査こそが、戦前は抑圧されていた世論を解放し、日本に民主主義を根づかせるものだ」という気負った思いがあった。

世論調査に欠陥がないわけではない。しかし、民主主義の基本である世論を把握するために、いまのところ世論調査以上に適当なツールがないというのも、また事実なのである。世論調査がなければ、政治を考えるための材料、それも極めて大きな材料が失われるといっていい。

筆者は1997年3月から世論調査の仕事にかかわるようになった。それ以来、世論調査の事前の予想とは正反対の参議院選挙大敗による橋本龍太郎内閣の退陣。支持率が乱高下した小渕恵三内閣の波乱に富んだ政権運営。「密室談合」で生まれた森喜朗内閣の歴史的な不人気ぶり。永田町の変人、小泉純一郎氏のカリスマに彩《いろど》られた小泉内閣の5年半。若さと毛並みのよさで国民的な人気を集めながら、支持率の急落であっけなく退場した安倍内閣の曲折。それらを世論調査を通じて眺めてきた。

そんな経験を通じて痛感しているのは、世論調査が政治に対して示す「世論」は、大筋で決して間違った判断をしていないということだ。世論調査の数字はときに雄弁に、ときに訥々《とつとつ》と何ごとかを語っている。ただし、それを聞き取るためには、有権者であれ、政治家であれ、周囲の雑音に気をとられないよう、心して耳を澄ませなければならない。

筆者が本書で意図したのは、政治と世論調査のかかわりを改めてたどるとともに、世論への耳の澄ませ方を、自らのささやかな体験をもとに示すことにある。世論調査や政治にいっそうの関心をもっていただく一助になれば幸いである。

◉目次

第二章　吉田内閣から麻生内閣まで、内閣支持率物語

第四章　政権交代が見えてくる政党支持率

第五章　選挙情勢調査の舞台裏

第六章　世論調査にどこまで信をおくべきか

戦後歴代内閣の支持率

234

第一章　世論調査はどうやって作られているか

ある日の新聞記事の矛盾

２００×年×月×日。Ｙ氏が朝、家でとっているＡ新聞を広げると、大きな数字の見出しが目に飛び込んできた。

内閣支持率○△％　横ばい続く

消費税率アップに賛成○□％　反対○▽％

「やれやれ、また世論調査の記事か。税率アップに賛成は○□％。意外と多い感じがするけど、そんなもんかな。内閣支持率は○△％か。これって、高いのかな、低いのかな」

時間があったので他の新聞もチェックすることにした。パソコンを起動してＢ新聞のサイトを開いてみる。なんと、こちらでも世論調査の数字が躍っているではないか。

内閣支持率△○％　先月から下落

消費税率アップに賛成△□％　反対▽○％

「おいおい、同じ事柄を聞いているのに、数字が違うじゃないか。Ａ新聞とＢ新聞のどちらが正しいんだ⁉」

――いきなり下手なショートショートのようなイントロで失礼した。しかし、これは決して荒唐無稽《こうとうむけい》な話ではない。いまも日常茶飯に起きていることなのである。

驚異の世論調査大国ニッポン

日本は世論調査大国である。内閣府の調べによると、２００５年度中（05年4月〜06年3月）に全国で実施された調査（対象者が５００人以上のもの）は、なんと１２１８回にのぼる。１ヵ月平均で１００回以上。新聞、テレビといったマスメディアはもとより、政府、自治体などの公的機関、大学などの学術機関、企業や民間調査機関など、実にさまざまなところが世論調査を行っている。

マスメディアは報道するため、政府や自治体は政策を作ったり推進したりする際の参考にするため、大学は社会についての研究を深めるため、企業は有効な販売戦略を錬るため……。世論調査をする目的はそれぞれ異なるが、そこで得られた数字が強くモノをいう点は共通する。ある種の「数字信仰」が日本を覆《おお》っている。

本書では、数ある世論調査の中からマスメディアの世論調査を取り上げて論ずる。その回数は、たとえば05年度だと１２８回。年度によって多少のデコボコはあるものの、最近では月平均でおおむね10回という高い頻度がすっかり定着している。

先のイントロで例に引いた内閣支持率は、多くのマスメディアが月に1回、調査をするようになっている。さらに、そのときどきで争点となっている政策課題——税金問題のような

——があれば、それについて各マスメディアがいっせいに世論調査をするのは、すっかり日常の光景になっている。

とすると、同じ日に、同じ事柄について、別々のマスメディアが世論調査をし、それが同じ日の新聞（ネット上のニュースは新聞と連動する）に掲載されるのは、特別驚かなくてもいい、ごく当たり前のことなのだ。

そして、そこで発表される数字が互いに微妙に食い違うことも、しばしばあることなのである。

同時調査でもメディアによって結果にズレ

そのあたりを実例を挙げて検証してみよう。まず、福田康夫内閣が発足した07年9月に遡《さかのぼ》る。

マスメディアは新しい内閣ができれば、すぐに世論調査をして、発足直後の支持率を出す。現在の麻生太郎内閣（08年9月24日組閣）も例外ではない。

朝日、読売、毎日、日経の各紙は24日から25日にかけて緊急の電話調査（ＲＤＤ＝ランダム・デジット・ダイアリング）を行い、26日の朝刊でいっせいに麻生内閣支持率を報じた。

結果は以下の通りだった。

朝日新聞　支持率48％　不支持率36％
読売新聞　支持率49・5％　不支持率33・4％
毎日新聞　支持率45％　不支持率26％　関心がない27％
日経新聞　支持率53％　不支持率40％

見事なまでの横並びの調査であり、報道である。結果も、選択肢に「関心がない」を入れている毎日新聞で支持率、不支持率がやや低めになっているが、おおむね似かよっている。

ところが、その1ヵ月半前の8月2日、福田首相が内閣改造をした直後は様子が異なっていた。朝日、読売、毎日の各紙が3日の朝刊でそろって支持率を伝えているのだが、その結果を見ると、

朝日新聞　支持率24％　不支持率55％
読売新聞　支持率41・3％　不支持率47％
毎日新聞　支持率25％　不支持率52％　関心がない21％

と、朝日・毎日と読売とで数字がかなり食い違っている。朝日・毎日だと支持はさほど上がらず、福田内閣の支持は低水準となるし、読売だと、改造効果で支持が好転したとなる。同時の調査であっても、結果が同じではないという実例である。

どうしてこんなことが起きるのだろう。その点については本書でおいおい考えていくこと

として、ここではあえて深入りはしない。ただ心にとめておいてもらいたいのは、世論調査とは、質問さえすれば一定の「正解」が出るというほど単純なものではないという点だ。質問の仕方や調査の手法によって、結果は微妙に変わるのである。

それだけに、世論調査が政治に大きな影響を与えるいま、有権者は世論調査の結果をよく吟味《ぎんみ》し、その中身を見極める目をもたなければならない。

そのために本章ではまず、マスメディアの世論調査が、どういうふうに作られて、実施されているのかを見ていく。いわば世論調査の「工場」見学である。製造現場を見れば、製品(ここでは世論調査)の中身、構造、問題点が浮かび上がってくる。

具体的に紹介するのは、筆者が長く籍をおいた朝日新聞の世論調査センターである。メディア各社によって調査の方法は微妙に異なるが、基本線はあまり変わらない。朝日新聞のやり方を見れば、メディアの世論調査が、どういう点に気をつかい、どういう点に悩みながら調査を実施しているのかが、おおよそわかるはずだ。

調査の方法も電話、面接から郵送、ネットまで

マスメディアが実施する世論調査にもいろいろある。内閣支持や政党支持など政治的なテーマにかかわる調査もあれば、生活意識や価値観を尋ねるもの、選挙の際に誰に投票するの

表1　各調査方法の長所・短所

	長　所	短　所
面接調査	全有権者が対象になる 調査員が対象者を確認できる カードなどを使って調査できる	時間と費用がかかる 建前の回答になりがち 調査員の力量が結果に影響
郵送調査	全有権者が対象になる 長い質問文、多い選択肢も可 本音で答えやすい	時間と手間がかかる 難しい質問はとばされる 対象者以外が答える可能性
RDD（電話調査）	名簿なしで調査できる 時間がかからない 名前と住所がもれない	回収率が低い 質問文は短く、選択肢も少なめ 突然の電話で苦情が多い
インターネット調査	調査の管理が容易 複雑な質問も可能 作業がスピード化	ネット利用者に限定 匿名性が高く、本人の特定が難しい

かを聞く調査もある。

手法の面でも、①調査員が対象者の自宅に出向いて直接会って調査をする面接調査、②調査員が質問票を対象者宅に届け、数日後に回収に出向く留め置き調査、③対象者に電話をかけて調査をする電話調査、④質問票を対象者に郵送し、回答を書き込んで送り返してもらう郵送調査、⑤インターネットを使って質問するインターネット調査、など多様である。

調査手法にはそれぞれ長所と短所がある（表1参照）。実際に世論調査をする際には、調査の目的に照らして、最適な方法を選ばなければならない。

日々のニュースに即した世論を知るには、準備が簡単で手軽に実行できる電話調査がいい。説明が必要な込み入った問題に関する民意を知るには、回答カードなども使って調査ができる面接調査が便利である。

調査員と向かい合うと、なかなか明らかにできない心の内、感情の陰影をすくい取るには、一人でじっくり回答できる郵送調査がうってつけだ。若い人の本音を引き出すのにはインターネット調査が有効かもしれない。

表2に朝日新聞が全国を対象に2007年に行った調査の手法とテーマを挙げた。最も多いのが電話調査＝朝日RDD＝の25回。内訳は原則、月ごとに実施する定例調査（サンプル数2000）が8回。何かが起きたとき、緊急に行う緊急調査（同1000）が6回。1週間おきの世論の変動を追った連続調査（同1000）が11回だった。07年には参院選があり、その前後に連続調査をしたため、定例調査の回数が減っている。

扱ったテーマは、内閣・政党支持、そのときどきの政府の政策への評価など、政治的な事柄が中心だ。4月には憲法に関する意識調査も行っている。

面接調査は1回。定期国民意識調査と銘打ち、暮らしについての意識や環境問題といった生活にからむソフトな質問をした。

郵送調査も1回あった。日本人の基本的な政治意識を探る調査で、対象者の本音を引き出そうと、じっくりと回答できる郵送方式を採用した。

表2　朝日新聞の世論調査（2007年）選挙情勢調査を除く

調査方法	調査日	テーマ
RDD	1月20・21日	内閣・政党支持、改憲、参院選、民主党、景気
RDD	2月17・18日	内閣・政党支持、格差対策、拉致問題、NHK受信料義務化
RDD	3月10・11日	内閣・政党支持、経済対策、国民投票法案、イラク支援、米イラク政策
RDD	3月31日・4月1日	内閣・政党支持、統一地方選の関心、科学技術の発展、IT技術の発展
郵送法	4月5日〜5月14日	政治意識調査
RDD	4月14・15日	内閣・政党支持、憲法観
インターネット調査（連続）	5月10〜14日、17〜21日、24〜28日、5月31日〜6月4日、6月7〜11日、14〜18日、21〜25日、6月28日〜7月2日、7月5〜9日、12〜16日、19〜23日、8月2〜6日	内閣支持、比例区投票先、一票の「有力感」など
RDD（連続）	5月12・13日、5月19・20日、5月26・27日、6月2・3日、6月9・10日、6月16・17日、6月23・24日、6月30日・7月1日、7月7・8日、7月14・15日、7月21・22日	内閣・政党支持、参院選の関心と投票先など
RDD（緊急）	7月30・31日	内閣・政党支持、首相進退、参院選自民大敗の原因、民主党の勝因
RDD(緊急)	8月27・28日	内閣・政党支持、テロ特措法、首相続投評価
RDD(緊急)	9月13日	政党支持、安倍首相辞任評価
RDD(緊急)	9月15・16日	政党支持、自民総裁選の関心、次の首相
RDD(緊急)	9月25・26日	内閣・政党支持、首相の評価、政策課題
RDD	10月13・14日	内閣・政党支持、自衛隊活動継続、給油新法、臓器移植
RDD	11月3・4日	内閣・政党支持、大連立評価、消費税増税、食品の品質表示
RDD	11月17・18日	定期国民意識調査（暮らしと地球環境）
RDD	12月1・2日	内閣・政党支持、給油新法、道路特定財源暫定税率
RDD(緊急)	12月19・20日	内閣・政党支持、年金記録問題

20～30代の若者を対象に、参院選前後の政治意識の移り変わりをとらえるため、連続インターネット調査も12回実施した。

07年は7月に参議院選挙があり、有権者の投票動向を探るための情勢調査も2回、実施されている。選挙情勢調査は通常の世論調査とは性格を異にする。これについては後で詳しく述べる。

世論調査にふさわしいテーマとは

本章ではまず、最もポピュラーな定例調査の製造現場を眺めてみよう。定例調査は、内閣・政党支持を追跡する重要な調査であることに加え、そのときどきの政策への評価もタイムリーに質問できる、世論調査の中核だ。調査手法は電話調査の一種である朝日RDD。電話番号をコンピューターで作り出し、その番号に電話をかけて調査をする。事前に調査対象者を選んだり、電話番号を調べたりしなくてもよいことから、準備にかかる時間が短く手間もかからない。

朝日新聞をはじめ、ほとんどのマスメディアでは従来、面接法が世論調査の常道だった。ところが90年代になり、面接法だけでは世の中の動きに即応した世論調査ができないということから、より身軽に実施できる電話調査が次々と導入された。はじめのころの電話調査は面接法と同様、選挙人名簿などから対象者を選んだ後、電話帳でその人の番号を調べるというやり方をしていた。ところが、都市部で電話帳に番号を載せない人が急増したため、電話帳を使わずにすむＲＤＤに移行した。

定例調査の日が近づいてくると、世論調査センターのなかに、数人からなる「小委員会」が立ち上げられる。５人程度というのが通例だ。小委員会では何をテーマに据えて質問をするかを議論する。

定例調査の最大の目的は、内閣支持率や政党支持率を定期的に測定することだ。内閣支持についての質問は、①支持・不支持を聞く、②その理由を尋ねる、の2問構成。政党支持は「どの政党を支持しますか」の1問。定例調査の質問数は15問程度というのが目安になっている。電話での質問に答える回答者の注意力が持続するのがその程度という「経験値」に基づいている。15問から内閣・政党支持がらみの3問を差し引いた12問を使ってどんな質問をするかが、小委員会の腕の見せどころとなる。

世の中にニュースのない日はない。世論調査のテーマは一見、無尽蔵《むじんぞう》に見える。だが、いざ質問しようとすると、世論調査に適するテーマは意外に絞られてしまう。

そもそも世論調査のテーマとしてふさわしいのはなんだろう。ざっくりいえば、――ほとんどの人が関心をもっていると考えられる政治、経済、社会に関連する問題といえるが、これではいかにも茫漠《ぼうばく》としている。

世論調査に適するテーマは何で、適さないテーマは何か。これは、世論とは何かということにもつながる論点なので、突っ込んで考えてみたい。

国民の関心が高く、かつ冷静な回答を得られる質問を

朝日新聞が07年に行った世論調査のテーマを記した表2に戻っていただきたい。7月に参議院選挙があったことから、選挙に関連する質問、選挙の最大の争点にもなった年金問題に関する質問、内閣交代に伴う首相評価など、政治にかかわる質問が目につく。いずれも公的な性格が強い。

とはいえ、世論調査がいつもこうした硬い公的テーマばかりを聞いているかといえば、必ずしもそうではない。ちょっと古い話になるが、筆者の記憶に残るのは、05年12月定例調査の年賀状に関する質問だ。

①年賀状を何枚ぐらい出すつもりか。
②年賀状を出すのは楽しいか、面倒か。
③年賀状は必要だと思うか。
④メールでの代用に抵抗があるか。

を聞き、結果を、

――年賀状「面倒」55％　メールで代用肯定派は52％

という記事にまとめた。

この年9月の総選挙で大勝した小泉純一郎首相が、宿願だった郵政改革を成し遂げたのを受け、郵便についての世論を聞こうという「名分」を掲げはしたが、年末を迎え、「年賀状って書くのが面倒くさいけれど、世間の人はどうなのだろう」という個人的な興味が背景にあったのは否《いな》めない。

世論調査ではかなり幅広いテーマを扱える。しかし、そこにはやはり一定の「基準」があるべきだと思う。

現場にいた頃、自分なりに「基準」としてきたことを列挙すると、

①一般の人が関心をもっている。

②単なる感情的な反応ではなく、冷静な回答が得られる。

③得られた回答が、その後の政策展開になんらかの影響を与えると見られる。

④習慣や文化に深く根ざしている事柄で、多くの人が興味を抱いている。

といったところだろうか。

この「基準」からすると、事件や事故の類《たぐい》は世論調査では扱いにくい。たとえば一般の殺

人事件。どれだけ衝撃的で、社会への影響が大きく、報道量も多かったとしても、世論調査に馴染《なじ》むテーマとはいえない。

——○○で起きた無差別殺人事件をどう思いますか。

という質問をして、「ひどいと思う」「可哀想だと思う」という回答を得ても、どれほどの意味があるだろうか。

事件といっても、2001年の「9・11」テロ事件のような超弩級《ちょうどきゅう》のもの、時代を画するようなものになれば、話は別だ。朝日新聞ではテロ直後の9月28・29日に「9・11」事件に関する質問をしている。回答者の約8割が、テロ事件が日本でも起きる不安を感じ、報復行動に日本が参加した場合、テロ事件が日本で起きる可能性が高まると思っていることがわかった。未曾有《みぞう》の事件を目の当たりにしたその時代の日本人の、偽《いつわ》らざる心情を計測した点で意義があったといえる。

難しい外交・安保への質問

公的な事柄だが、世論に聞くのが難しいと常々感じてきたのは、外交・安保に関する問題だ。

外交における情報は、プロの外交官にほぼ独占されており、普通の人にはあまり提供されていない。民主政治のもとではできるだけ多くの情報が有権者にもたらされるべきだと思うが、こと外交に関していえば、すべてをつまびらかにすることが難しいのも事実である。そのうえ外交への人々の関心は、それほどない。十分な情報もない。おまけに関心もないとなったら、世論調査に感覚的、情緒的な回答しか返ってこなくても不思議ではない。

最近でいえば、新テロ特措法案や補給支援特措法案についての世論調査には考えさせられるところが多かった。自民党と民主党が対決した重要政策なのは、まぎれもない事実で、世論に問うてみたいテーマなのはわかる。ただ、朝日新聞をはじめマスメディア各社がこぞって行った世論調査を見ると、質問文が非常に長かったり、説明が複雑だったりしていて、かなり無理をしているようにみえる。結果も会社ごとに落差があり、どの数字が正しいのか、何かと論議を呼んだものだ。

知識や関心が必ずしもあるわけではない問題に対して、人は明確な賛成、反対の意見を持っていないのが普通だ。無理矢理、賛否を聞き出しても、その結果にはどうしても疑問が残るのは否めない。

筆者自身、小泉内閣時代に自衛隊のイラク派遣について幾度となく世論調査をした。得られた結果はたしかに一つの世論ではあったが、それが日本人のたしかな意見だったかといえば、正直いって心許《こころもと》ない。

話が脱線するが、外交と世論といえば、1905年9月5日に起きた日比谷焼討事件のことが思い起こされる。日露戦争後、ロシアから直接的な賠償金を得られなかったことに怒った民衆が、東京・日比谷公園での集会を機に暴徒化し、大臣官邸や新聞社、交番などを焼き討ちにした事件のことだ。戦争の実態をよく知らない民衆が、勝てば賠償金が手に入るという風評にのって、不満を募らせて実力行動に及んだもので、その後の日本の軍国化に道を開いたともいわれる。煽《あお》りたてた報道の問題にもなるが、世論は大きな間違いを犯したといえる。外交・安保と世論のかかわりは一筋縄ではいかない。

話を元に戻そう。

定例調査に向けてあれこれ考え、悩むうちに、時間が迫り「ままよ」とテーマを決めた経験も少なくない。成功だったと思うテーマも、失敗したと感じたテーマも、ともにある。

一見、何でも聞いているように見える世論調査だが、それほどお気楽ではないのである。

次なる難関は調査質問文作り

テーマが決まれば、次は質問文作りだ。過去の例などを参考にしながら、「小委員会」で質問文の原案を錬る。

世論調査の生命線が質問文にあることは、調査を多少なりともかじった人は誰でも知っている。どういうふうに質問するかによって、回答が大きく変わるからである。偏《かたよ》りのない民意をすくい取るため、客観的な質問をする。最も腐心《ふしん》するのはその一点だ。

そのためにどこに気をつければよいのか。大きくいって、

①どういう文言を使って質問するか。
②文章の構成をどうするか。
③選択肢をどういう形で示すのか。
④質問文をどういう順番に並べるか。

が挙げられる。以下、具体的に説明をしよう。

「にほん」か「にっぽん」か

第一に、どういう言葉を使うか、である。

とにかく難しい言葉は使わない。専門用語は論外だ。質問を作る際に、取り上げるテーマの専門記者に相談することは少なくない。いま渦中にある問題については、現場で取材をしている記者が一番詳しいので、その知恵を借りるわけだ。それでは一線の記者が質問文を作ればよいかといえば、一概にそうともいえない。

一番のネックは使う「言葉」である。記者にとっては当たり前で正確な「言葉」であって

も、一般の人にしてみれば「専門用語」で意味がわからないことが少なくない。質問文を作るときは、専門的な言い回しは排し、少々意味が不正確になっても、平易な文言を使わないと答えてもらえない。

電話調査ということから、耳で聞き取りにくい言葉を使えないという制約もある。

余談になるが、安倍晋三氏が自民党総裁選に立候補した直後の世論調査で、「美しい国、日本」と題した政権公約を知っているかどうか質問したことがあった。記事では「美しい国、日本」と何気なく書いていたのだが、調査をするときには、日本を「にほん」と呼ぶのか「にっぽん」と呼ぶのかはっきりさせなくてはならない。テレビで働く人には何でもないことだろうが、新聞記者のルーズさで読み方はあまり気にしていなかった。

仕方なく安倍事務所に電話して「にほんと呼ぶのでしょうか、にっぽんでしょうか」と尋ねた。応対してくれた人も「どちらでしょうね～」と曖昧《あいまい》であった。「まっ、にっぽんにしておいてください」と言われ、質問文に「にっぽん」とルビをふったことを覚えている。

長い質問文は絶対にＮＧ

第二に、文章の構成をどうするか。

だらだらと続く長い文章は絶対にダメ。簡潔な文章をテンポよくつなぐことが肝要だ。ただ、口でそういうのは簡単なのだが、これがなかなか難しい。説明は極力避け、シンプルな質問文にするのがベストなのだが、テーマによっては説明を避けられないものもあるからだ。

私が経験したなかで、「これはしんどい質問だな」と思ったのは、集団的自衛権に関する質問文である。全文を示す。

——日米安保条約や自衛隊の海外活動などをめぐって、集団的自衛権の問題が議論されています。集団的自衛権とは、同盟国やその軍隊が攻撃されたときに、日本は攻撃されていなくても、日本に対する攻撃と見なして一緒に戦う権利のことです。日本はこの権利は持っているが、憲法9条により使うことができない、というのが政府の解釈です。あなたは、集団的自衛権についてどのように考えますか——（2006年4月調査）。

いかにも長い。これは電話調査よりは長い文章が許容される面接調査での質問文ではあるが、それにしたって調査員から口頭で質問文を聞くわけで、いったい何を聞かれているのか、途中でわからなくなってしまいかねない複雑さだ。

たしかに集団的自衛権について日本人がどう考えているかは知りたいところである。その一方で、集団的自衛権の定義をすらすらと言える人はそう多くはない。大事なテーマだからこそ誤りのない回答を引き出そう引き出そうと考えるほど、質問文は説明調になり、どんどん長くなってしまう。その結果、回答者に限界を超えた負担をかけてしまう。

正確を期すあまり、かえって歪《ゆが》んだ回答を引き出してはいないかという懸念を抱いていたことを、ここでは告白しておく。

「人情課長質問」のパラドックス

文章の構成については、朝日新聞の世論調査の顧問を長年務めた林知己夫氏（1918〜2002）から生前に聞いた「人情課長についての質問」が忘れられない。

林さんは日本の世論調査の大家で、「人情課長質問」はその世界でよく知られた話なのだが、質問文の妙味をよく示すエピソードなので紹介しよう。

出典は林さんが携《たずさ》わった世論調査（日本人の国民性調査）である。

——規則を曲げてまで無理な仕事をさせないけれども人の面倒は見ない課長と、規則を曲げても無理な仕事をさせることもあるが、仕事以外ではよく面倒を見る課長、のどちらのタイプの課長が好ましいか（パターンA）。

と聞くと、多くの人は後者の「よく面倒を見る課長」を好む。

ところが、質問文に少々手を入れ、

――面倒は見ないけれども規則を曲げない課長と、よく面倒は見るが規則を曲げる課長、のどちらがよいか（パターンB）。

と聞くと、両者の回答が伯仲《はくちゅう》したのである。

なぜ、そうなるのか。ちょっと考えてみよう。

パターンAの「規則を曲げてまで無理な仕事をさせないけれども人の面倒は見ない課長」とパターンBの「面倒は見ないけれども規則を曲げない課長」は、実は同じことを別の表現でいっているにすぎない。にもかかわらず、パターンBの表現だと「規則を曲げない」合理的でスマートな課長と映り、パターンAでは「面倒は見ない」冷たい課長という印象を与えるようなのだ。

一方、パターンAの「規則を曲げても無理な仕事をさせることもあるが、仕事以外ではよく面倒を見る課長」とパターンBの「よく面倒は見るが規則を曲げる課長」も同じことを言っているのだが、パターンAでは「よく面倒を見る」頼れる課長と好感度が高いのに対し、パターンBは「規則を曲げる」強引ででたらめな課長とマイナス評価になるようだ。

つまり、人の頭には、「課長」を形容する文言の後の部分が強く印象に残るのである。全体としては意味が同じでも、文章の作り方で回答が違ってしまう。質問文を作る際には、細心の注意が必要なのである。

排他的かつ網羅的に

第三に、選択肢をどういう形で示すか、である。

世論調査の質問は、「はい／いいえ」「支持します／支持しません」「評価する／評価しない」など単純な二分法で答えられるもの（こうした質問を二項選択型質問という）ばかりではない。問題の性質上、イエス、ノーで答えを求められないものも少なくない。そうした場合は、いくつかの選択肢を示し、そのなかから回答者の考えに近いものを選んでもらうというやり方をとる（こうした質問を多項選択型質問という）。

内閣支持の質問を例に説明しよう。

朝日新聞の世論調査では、内閣支持を聞くときには、たとえば、

――あなたは、麻生内閣を支持しますか、支持しませんか。

と質問する。答えは「支持します」か「支持しません」。いたってシンプルである。

ところが、その理由を聞くときには、

――それはどうしてですか。次の4つの中から1つだけ選んでください。1番・首相が麻生さんだから。2番・自民党中心の内閣だから。3番・政策の面から。4番・なんとなく。

の中ではどれですか？

と、4つの選択肢から選んでもらう形をとっている。これが多項選択型質問である。この選択肢づくりが結構、厄介《やっかい》なのである。世論調査で選択肢をつくる際、よくいわれるのが、

①選択肢が相互に排他的でなくてはいけない。

②選択肢は網羅的でなくてはいけない。

の2つである。

①の「選択肢が相互に排他的」とは、選択肢の内容が相互に重ならないようにするということである。一方、②の「選択肢が網羅的」とは、選択肢を並べると質問の結果をすべてカバーできる、ということである。つまり、必ずどれかの選択肢を選べるようにしておかなければならない。

単純な事柄についてなら、「排他的」で「網羅的」な選択肢を用意するのは簡単かもしれないが、実際のところ、複雑な社会事象を相手にする世論調査では、いつも「排他的」「網羅的」な選択肢を示せるとは限らない。

現に内閣支持の理由の選択肢を見ても、1番と2番が果たして相互に排他的かどうかは疑わしい。「自民党の」、「首相である」、「麻生さんだから」、内閣を支持するという人は、1番と2番のどちらを選べばいいのだろう。また、1番から4番の4つだけで内閣支持の理由を

すべてカバーしているとは、とうてい言えない。網羅的という点でも、はなはだ心許ないのである。

電話調査の場合、設けられる選択肢の数に限りがあるという制約もある。面接調査であれば選択肢を印刷したカードを回答者に見せて、選んでもらうことができる。選択肢の数は10近くあってもOKである。しかし、カードを使えない電話調査では、選択肢の数は4つ、多くても5つまでで、排他的かつ網羅的な選択肢を提示するのは至難の業といえよう。

多項選択型質問のなかには、回答の強弱を確かめるものもある。よく見られるのは、関心や知識の「ある・なし」を聞く質問だ。たとえば、07年の参議院選挙の前の世論調査では、

——いま行われている参議院選挙にどの程度関心がありますか。次の4つの中から1つだけ選んでください。1番・大いに関心がある。2番・ある程度関心がある。3番・あまり関心はない。4番・まったく関心はない。の中ではどれですか？

と聞いている。

これを単に選挙に関心があるかどうかの二項選択で聞いたら、たいていの場合、「関心がある」が多数を占めてしまい、意味のない質問になってしまう。強弱をつけて聞くと、「大いに関心ある」人についての分析が可能になり、それなりに意味のある質問になる。こうしたケースでは、回答の強度を調べるのが有効なのである。

キャリーオーバー・イフェクト

第四に、質問文をどう並べるかだ。質問文をどのような順番にするかは重要だ。前の質問が後の質問への回答に影響を及ぼす「キャリーオーバー・イフェクト」があるからだ。

私自身の経験を披露しよう。

２００４年11月。定例調査の「小委員会」の一員だった私は、環境税導入の是非に関する質問をしようと考えた。税制について議論される年末を控え、環境税についての人々の意識を探りたいと思ったからだ。

質問の構成と結果は次の通りだった。

①地球の気温が上がり、気候が変化する地球温暖化についておうかがいします。あなた自身の問題として、地球温暖化問題を身近に感じていますか。

　感じている79％　感じていない18％

②日本は二酸化炭素などの温室効果ガスを減らすため、電気や石油などエネルギー消費をかなり制限する必要があります。あなたは、エネルギーを節約する生活をしてもよいと思

いますか。
節約する生活をしてもよい86％　そうは思わない6％
③環境省は、石油やガス、電気などに税金をかけて、エネルギーの節約を促《うなが》す「環境税」の導入を目指しています。あなたは、地球温暖化対策として「環境税」を導入することに賛成ですか、反対ですか。
賛成37％　反対50％

これだけ見ると、どうということはない結果かもしれない。しかし、私にとっては環境税導入に「反対」が「賛成」を超えたのは予想外だった。というのも、ほぼ同じ時期に行われた他のマスメディアや政府の世論調査では、環境税への賛成が明らかに多かったからである。具体的にいうと、
産経新聞　賛成66％　反対34％
読売新聞　賛成45％　反対28％　どちらとも言えない27％
環境省の世論調査（共同通信社実施）　賛成61％　反対34％
であった（いずれも10月調査）。
温暖化対策で環境税に意味があると考えていた私は、環境税を肯定する意見が強く出るだ

ろうと考え、本音を言えばそれを期待していた。しかし、予想通りにはならなかった。

他の調査の質問の仕方を調べてみると、他の調査はいずれも環境問題についてさまざまな質問を重ねた後で環境税について尋ねていた。質問のなかには、地球温暖化対策として環境税が有効であることを示唆《しさ》するものも混じっている。環境税についてあれこれ勉強したうえで、「環境税の導入に賛成ですか、反対ですか」と聞いている。

これに対し、私が作った質問はどうか。地球温暖化の認知度を聞き、温暖化防止のために努力するつもりはあるかと尋ね、3番目の質問でいきなり環境税の導入の是非を問うている。環境税に関する事前の勉強がなかったことで、いかなるものであろうと本来的に歓迎されない「税金」を忌避《きひ》する気分が強く出たのだろう。

ひょっとしたら、前の質問でエネルギーを節約して生活する気分を聞いたのも響いているかもしれない。生活の不便さを我慢したうえ、税金としてお金まで取られるのはたまらないという気持ちが働いたのではないか。

実際のところ、前後の質問がどのように影響を与えるのか、調査をしてみるまでなかなかわからないものだ。余裕があれば、事前のプレテストをしてみればよいのだが、なにかと忙しい今日、それはなかなかできない。

次に挙げるのは、キャリーオーバー・イフェクトが誰の目にも明らかな実例である。これも朝日新聞のケースで、関係者の間ではそこそこ知られている話ではあるが、わかりやすい例なので紹介する。

朝日新聞が02年7月の定例調査で行った「住民基本ネットワーク」に関する質問で、質問文と回答は以下の通りである。

①住民基本台帳についてうかがいます。これは、すべての国民に番号をつけて、住所、氏名、生年月日などの情報をコンピューターでひとまとめに管理するシステムです。住基ネットとも呼ばれます。あなたは、住基ネットという言葉を見たり聞いたりしたことがありますか。
ある59％　ない40％
②住基ネットについては、個人情報が漏れたり、不正に使われたりする可能性がある、という指摘があります。あなたは、このことにどの程度不安を感じていますか。
大いに感じている49％　ある程度感じている37％
あまり感じていない9％　まったく感じていない2％
③住基ネットは8月5日から始まる予定ですが、いまのままではプライバシーの保護が十分ではないと、延期を求める声もあります。あなたは住基ネットを、予定通り始めるほう

がよいと思いますか、それとも、延期するほうがよいと思いますか。
予定通り始める14%　延期する76%

この結果について、この調査の後、朝日新聞の世論調査部長になった峰久和哲氏は、05年7月の「新聞研究」で次のように書いている。

——最初の質問で「住基ネット」という言葉を見たり聞いたりしたことが「ない」と答えた人が40%いるのに、2番目の質問に97%が、3番目の質問でも90%の人が何らかの意思表示をした。みごとな「学習」効果である。「学習」はフェアに行われただろうか。2番目の質問は、住基ネットの「負」の面だけを紹介したうえで、聞いているのは「不安の程度」である（中略）。3番目の質問も、住基ネットの「負」のインフォメーションしか与えていない。これに対し「予定通り始める」と答えるのには、かなりの勇気が必要だろう——。

質問は明らかに誘導にあたると断じている。
質問文の並べ方がいかに大事かが、おわかりいただけたと思う。

「時系列」質問は魔法の杖

ところで、世論調査の質問に「時系列」と呼ばれる質問がある。これは世論調査にとって、なくてはならない「魔法の杖」だ。簡単に説明しよう。

「時系列」を辞書で引くと、「ある現象の時間的な変化を連続的に、または一定の間隔をとって観測して得た値の系列」とある。世論調査の場合、「時系列」の質問といえば、あるテーマに関する民意を、一定の時間をおいて、連続して聞き続ける質問を指す。

質問文はまったく同じなのが原則だ。主語、述語、形容詞、副詞、接続詞……。基本的に一字一句違わない質問をして、以前に同じ質問をしたときから、結果がどう変化したかを比べる。そのテーマに関し、民意がどのように移り変わっていったかが、一目瞭然にわかるのである。

朝日新聞は毎年春、憲法についての世論調査をしているが、そのなかで必ず憲法改正の是非を聞いている。最近は、

――憲法全体をみて、いまの憲法を改正する必要があると思いますか、必要はないと思いますか。

という文言で聞き続けている。これが「時系列」質問である。

ちなみに直近の2008年では、

　改正する必要がある56％　改正する必要はない31％

であった。2007年は、

　改正する必要がある58％　改正する必要はない27％

で、この2年では憲法改正意識がほとんど変わっていないとされた。このように「時系列」質問を使えば、変化のあるなしを自信をもって言い切れるのである。

私が経験したなかでは、歴史認識をめぐる世論調査で使った「時系列」質問が記憶に残る。

06年12月、朝日新聞は愛国心に関する世論調査をした。このなかで、「仮に外国の軍隊が攻めてきたら、あなたは戦いますか。逃げますか。降参しますか」という25年前の81年12月の世論調査と同じ質問をしてみた。

結果は、

　06年12月　「戦う」33％　「逃げる」32％　「降参する」22％
　81年12月　「戦う」29％　「逃げる」21％　「降参する」22％

両者を比べると、「戦う」「降参する」があまり変わらない一方で、「逃げる」が増えていることがわかる。愛国心の究極の姿ともいえる、命がけで国を守るという意識。四半世紀を隔《へだ》て、その意識が日本人の間で薄れていることがわかり、興味深かった。ネット右翼の台頭が取り沙汰されていたにもかかわらず、である。「時系列」質問の醍醐味であろう。

もちろん、何事につけ、行きすぎはよくない。「時系列」質問の多用はお勧めできない。「時系列」の質問は何度も使えるだけあって、基本的なものが多く、そのぶん切れ味はそれほどない。ホットなニュースについての民意を探ろうとしているときに、ゆるい質問ばかりをしても、キリッとした分析はできない。

センスのいい、切れ味鋭い質問で民意を探るかたわら、時空を超えた「時系列」質問によって民意の相対的な変容を浮かび上がらせる。アップとズーム。攻めと守り。硬軟合わせた質問を駆使して、世論の実相を明らかにするのが大切なのである。

膨大な時間をかけて質問文を吟味

小委員会で質問文の原案を練り上げれば、いよいよ仕上げに入る。世論調査センターのメンバー全体が参加する「質問部会」で討議にかけるのである。

朝日新聞の世論調査の伝統は、長い「質問部会」である。筆者自身、初めて「質問部会」を経験したときには、1日の半分をつぶすこともあるその長さに、大いに驚かされたものだ。世間では近頃、会議は短く、合理的にという風潮が強まっているようだが、こと世論調査に限っていえば、こうした形でじっくりと討議をすることは、質問の品質を保つうえで非常に大切なプロセスだと考えられている。

なぜ、入念な討議が必要なのか。

いうまでもなく、調査対象者は多様多彩である。年代や性別はむろんのこと、暮らしぶり、関心のありか、知識の多寡《たか》など、てんでばらばらである。世論調査で質問される内容について、何かしらの情報や関心、知識をもっているとは限らない。

これに対し、質問を作る小委員会のメンバーは、知らず知らずのうちに自分たちがいま扱っているテーマについて学習し、いっぱしのプロになってしまう。自分たちとしては、素人にもわかるように、可能な限り平易な言葉で、客観的に質問をしているつもりでも、思いのほか専門的な質問になっていたり、高度な内容を尋ねていたりすることが少なくない。そのまま調査をすると、調査対象者がチンプンカンプンに陥《おちい》る可能性がある。

そこで、質問部会の場で、第三者の目によって質問文や内容のチェックをしてもらうわけだ。世論調査センターには男性もいるし女性もいる。若い人もいるし年配の人もいる。文系の人もいるし理系の人もいる。国民の縮図とはいえないまでも、質問文がちゃんと通じるかを試すには手っ取り早い場である。会議の場を借りて世論調査の予行演習をするともいえる。

「何を尋ねられているのかがよくわからない」
「使われている言葉が難しすぎる」
「文章が長すぎる」
「耳で聞いても言葉が頭に浮かばない」

小委員会ではそれなりにクリアをしたと考えていた点が、質問部会では次々と覆《くつがえ》されていく。質問文を全面的に取り替えることも希《まれ》ではない。

15問ほどの定例調査の場合、質問文を決着させるのに4〜5時間かかることもざらだ。質問数が40問近くに及ぶ面接調査の場合となると、会議の時間はさらに長くなり、昼過ぎから夜が更けるまで続いたこともあった。こうなると頭はボーっとしてくるわ、お腹は空くわで、もう大変である。

ただ、これほどまでに手間をかけても、前述のように、問題をかかえた質問文ができあがることはある。自分で「失敗したな」というケースもいくつかある。世論調査とは、なんと難しく奥の深いものか――。その思いはどれだけ経験をしてもなくならない。

回収率が高いほど誤差は減る

長い長い会議を終え、質問文を確定させたら、実際の調査、いわゆる実査に入る。

面接調査と電話調査とりわけRDDとを比べると、質問文ができてから調査までの段取りが大幅に短縮された。

面接の場合、調査員が持参し、対象者の回答を書き取る紙による質問票を作らなければならない。質問文を清書し、印刷所に持ち込み、質問票が刷り上がってくるまでに、どんなに急いでも1週間弱はかかったものだ。

その点、RDDでは、こうした紙の質問票は必要ない。外部の委託会社のコンピューターシステム上にあらかじめ作っておいた画面上の「質問票」に、できあがったばかりの質問文のデータを送り込むと、あっという間に「質問票」ができあがる。この「質問票」に基づき委託会社のオペレーターが調査を行う。

世論調査にとって、実査をいかに適切に行うかが、その品質を決めるといっても過言ではない。やみくもに電話をかけまくっているわけではないのである。

世論調査の対象者が千差万別だとすれば、電話先の家庭事情も多種多様である。一日中、誰かが在宅している家もあれば、夜だとか朝だとか特定の時間帯にしか人がいない家もある。単純に電話をかけるだけだと、当然ながら一日中、誰かがいる家——たとえば高齢者、自営業者、農業者など——からの回答が増える。それでは、得られた結果が国民の縮図とはいえない。そこで、朝、昼、晩など時間によって電話をかける数をコントロールし、さまざまな生活パターンの人たちから、まんべんなく回答を得るよう努める。そのへんのサジ加減は一種の職人芸である。

調査の一番の気がかりは、対象者のうち何人が回答をしてくれるか、すなわち、回答率がどれぐらいかである。回答者は多ければ多いほど、回答率は高ければ高いほどいい。どうして回答率を高くすることが大事なのか。

架空の世論調査を想定して、頭の体操をしてみよう。テーマは消費税である。「あなたは、消費税アップに賛成ですか、反対ですか」と尋ね、賛成70％、反対30％という結果が得られたとする。

回収率が仮に70％だったとしよう。回答しなかった残り30％の人が全員、消費税アップに反対だったと仮定したらどうなるだろうか。100％回収できたとすれば、計算上、賛成49％、反対51％となる。

回収率70％の調査の結果は消費税アップへの賛成が多いのに、対象全体では賛否が拮抗《きっこう》している。回収できたサンプルから全体を見通すという点からすると、誤った調査ということになる。こうした事態を防ぐためにも、未回収のサンプルはできるだけ減らす。言い換えれば、回収率を上げることが肝要になるのである。

もちろん、100％回収するのは不可能。そこで実際には、世論調査の現場では経験的に、回収率が70％もあれば、得られた結果は全体とほぼ同じと見てよいとされている。調査の結果を正当と認めるために、少なくとも回収率70％がほしいとされるのは、そのためである。

「標本調査」に付きものの誤差を考慮しても、回収率は高ければ高いほどよい。統計理論に基づく標本誤差の概念は複雑だが、大ざっぱにいえば、調査のサンプルが多ければ多いほど誤差は小さくなる。回収率が高いほど誤差は減る。

せっかくよい質問を準備しても、回答者の属性が偏《かたよ》ったり、回答率があまりにも少なかったりしたら、結果の信頼性が揺らぎ、調査としては失敗とされる。実査の出来こそが世論調査の品質を保証するのだ。

回収率が年々下がる理由

ところが、実査をめぐる状況が、このところ、急速に悪化している。とりわけ回収率の低落は深刻だ。

図1は朝日新聞が毎年1回、面接法で実施してきた定期国民意識調査の回収率の推移を示したものだ。80年代前半までは8割超だった回収率は、その後、だらだらと下がり始め、2000年以降は7割を切り、06年以後はなんと5割台に突入してしまった。近年の回収率の

図１　面接法による回収率

（朝日新聞・国民意識調査にみる）

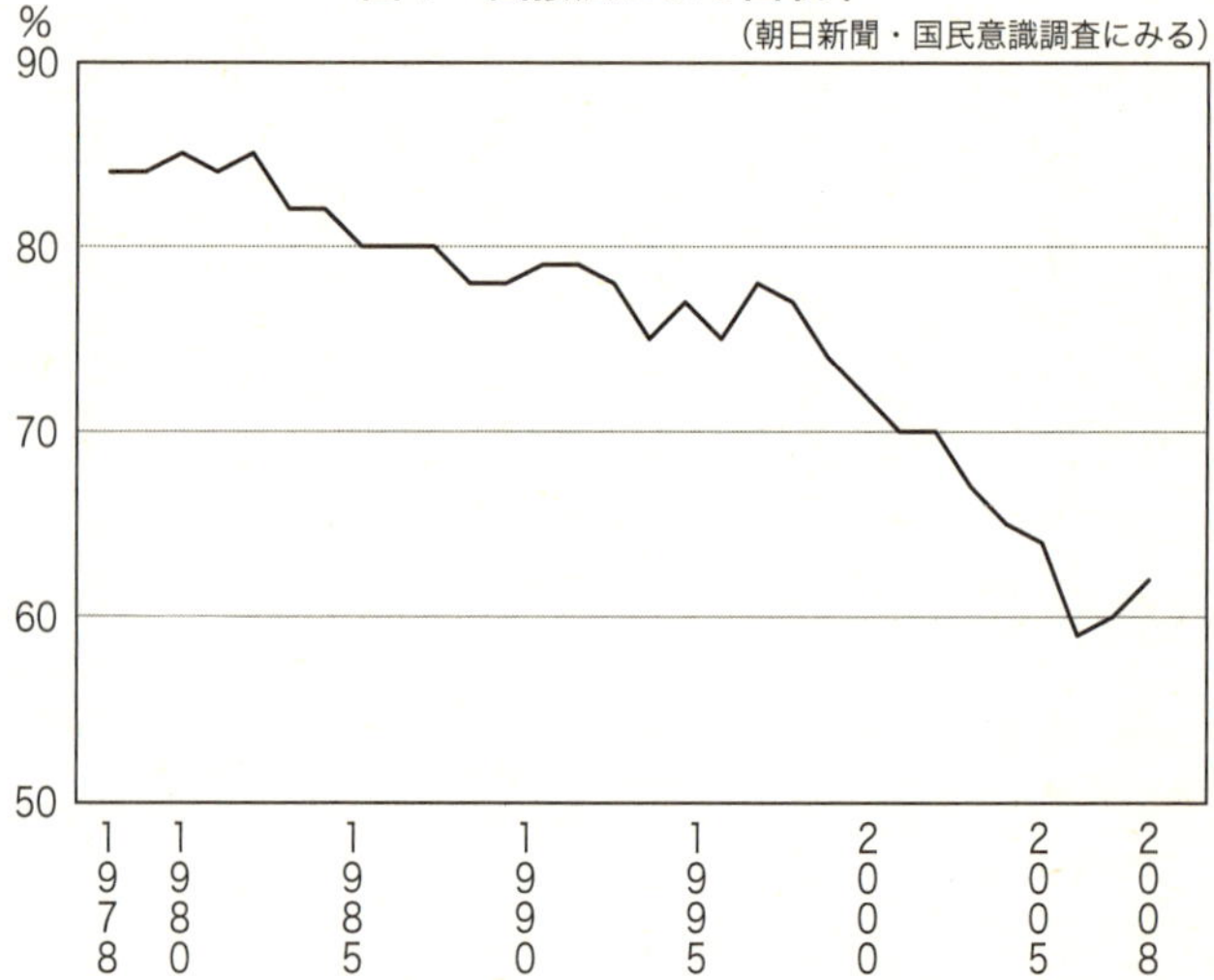

悪化は目を背《そむ》けたくなる。

理由はいろいろ考えられる。

他人を信用するのが怖い社会で防犯意識が強まり、突然、訪ねてくる見知らぬ調査員を家に入れなくなったのかもしれない。仕事に趣味にと忙しい現代の人たちが、世論調査という自分の利益に直接はつながらない代物に、わざわざ時間を費やす心の余裕を失っているという側面もあるだろう。少子化や核家族化が進み、家で留守番をしている人が少なくなったことも影響しているに違いない。調査員の側のコミュニケーション力の低下もあるかもしれない。こうした諸々の要因がからまりあって、調査がしにくい社会ができあがってきたであろうことは、想像に難くない。

定例調査で採用しているＲＤＤは、回答率の定義が面接調査とは異なるので話が少しややこしい。ＲＤＤの場合の回答率とは、コンピューターで発生させた番号のうち有権者のいる家庭用番号にかかったものを全体とした、有効回答の比率である。朝日新聞の場合、この回答率は、だいたい5～6割で推移している。

しかし実をいうと、この回答率にはやや不透明な部分がある。家庭用とも事業用とも判別できない電話番号が相当数あり、それは母数から除いているからである。仮にそうした判別不能の電話番号のうち、半分が家庭用だとすれば、回答率は4割台まで下がってしまうかもしれない。

気がかりなのは、固定電話から携帯電話へのシフトが着々と進んでいることだ。ＲＤＤは自宅にある固定電話しか対象にしておらず、携帯電話しかもたない人の意見を聞くことができない。若者のみならず、年配の人の間でもますます携帯電話を使うようになっている。今後、ＲＤＤによる世論の捕捉の度合いは、加速度的に下がっていくことが予想される。

世論調査危機の時代

戦後60年の還暦を迎えて、社会調査への協力者が半分以下になる調査非協力社会の到来、という危機——。

日経リサーチの鈴木督久氏は、世論調査など各種の社会調査の回収率が5割を下回りかねない昨今の情勢を、団塊世代の大量定年退職に伴う企業社会の激変を表す「2000年問題」になぞらえて、「調査における2007年問題」と喝破した（「広研レポート」2007年8月号）。

鈴木氏によると、近年、調査環境を悪化させる事態が次々と起こっている。まず、2005年4月に個人情報保護法が施行された。それに伴い、調査に協力しないという意識と行動が決定的になった。さらに、同年8月には、日本銀行の「生活意識に関するアンケート調査」を請け負っていた調査会社による不正な調査が発覚し、回収率が75%から50%に修正されるという不祥事が報道された。政府の各種世論調査は2006年、7割前後あった回収率が軒並《のきな》み5割台に低落してしまった。05年10月の国勢調査では、未回収が約210万世帯（全世帯の4・4%）に達した。

朝日新聞の世論調査のみならず、日本国内の社会調査の環境は急速に悪化しているのである。世論調査の危機といえるだろう。

電話調査へのクレーム

そうしたなか、それでも回答率を上げようと、調査に力を入れると、今度は苦情、クレームの問題にぶちあたる。

朝日新聞のＲＤＤでは、コンピューターで発生させた番号に電話をかけ、家庭につながれば調査への協力を頼むが、電話に出た人をそのまま調査対象にするのではなく、まず、その家に20歳以上の有権者が何人いるかを尋ねたうえで、乱数表を使って調査する人を決めるという手順を踏んでいる。選ばれた対象者が在宅していなければ、帰宅時間を聞いて再びかけ直す。対象者の調査が終わるまで、最大で「6回」、電話をかけるのを原則としている。

「忙しいから」と回答を渋る人を説得し、「6回」まで粘って、調査をお願いする。対象者が「電話に出やすい人」「調査に協力的な人」に偏《かたよ》ってしまっては、正しい世論とはいえない。そうならないための工夫なのだが、その「しつこさ」にキレて、強烈な抗議を突きつける人も少なくない。なかには、なかなかハードな抗議もあり、対応に苦慮することも多い。

苦情やクレームの対応に妙案などはない。世論調査の趣旨を説明し、納得してもらうしかない。気分を損ねられたのなら、ただひたすらに謝るほかないのである。電話がかかった相手が某暴力団の大幹部で、脅しを交えて謝罪を要求されたという例もあった。「人間修養」の場かもしれないが、正直いって、あまり経験したくない。

調査数字の読み方

調査が終わると結果が出る。数字は時として言葉より雄弁だ。新聞社としては、この数字の意味をできるだけ正確に、わかりやすく記事にして、読者に届けなくてはならない。誤ったメッセージを伝えたら、元も子もない。

ここでは私が実際に記事を書くときに気をつけたり、迷ったりしたことをいくつか紹介したい。世論調査の記事を読む際に参考にしてもらえればと思う。

まず、ある質問への回答を評価する場合、何%なら多数を占めるといえるのだろうか。

内閣支持率のように継続して聞いている質問や、先に説明した「時系列」質問は、前回の結果との比較で結果を判断できる。すなわち「内閣支持率は○□%で、前回調査の△○%から上がっている」と書くと、内閣の支持は好調だとわかる。

難しいのは単発の質問である。「○○に賛成ですか、反対ですか」の質問で、「賛成55%、反対35%」というような結果なら賛成が多数であることが明瞭だが、「賛成45%、反対40%」の場合はどうするのか。賛成が多いといっていいのか。

統計理論に基づいて対象者（サンプル）を選び出し、回答者が有権者全体の縮図となるようにすることで、科学的な正確さを担保する世論調査だが、結果には標本誤差が付きものだ。

ＲＤＤ法による定例調査の誤差幅は５％程度になるとされている。前の例でいくと、「賛成55％、反対35％」なら、賛成がどんなに少なくても50％、反対はどんなに多くとも40％なので、「賛成が多数を占める」と堂々と書けるが、「賛成45％、反対40％」のときは、賛成は40〜50％で、反対は35〜45％となり、反対が賛成を上回る可能性もある。「賛成のほうが多い」とは単純には書けないのである。

調査結果を前にして、いざ記事を書こうとすると、できるだけ鋭角的に、スリリングに仕立てたくなるものだ。誤差の範囲かもしれないのに、「賛成45％、反対40％」を「賛成が反対を上回る」と表現したい誘惑にかられる。正直に告白すると、そんな記事を書いたことも少なくない。しかし調査結果を正確に伝えるためには、あえてそこを我慢し、別の表現を考えることも必要なのだろう。

ちなみに誤差に関連していうと、朝日新聞は内閣支持率が○％から△％に上がったときも、（△−○）ポイント上がったとは書かない。それは、○％にも△％にも誤差があり、簡単に引き算できるものではないという考えからだ。たしかに読者にはわかりにくいかもしれないが、調査屋のこだわりなのである。

調査の「偽造」問題

以上、ＲＤＤによる定例調査を軸に、朝日新聞の世論調査がどのような手順を経て行われているか、縷々《るる》説明してきた。

このほか朝日新聞では、面接調査も行っている。最近は郵送調査を手がけることも多く、電話や面接ではすくえなかった斬新な内容にも挑戦している。面接や郵送による調査では、質問者（オペレーター）の声だけを頼りにする電話と違って、質問カードなどの小道具を使えるなど違う点はあるが、質問の作り方や、結果をどう分析するかという点では、ＲＤＤと大差はない。

ＲＤＤと面接調査、郵送調査との違いが大きいのは、対象者の抽出に関することと、調査の実施（実査）にかかわる点だろう。

コンピューターで番号を発生させて電話をするＲＤＤと異なり、面接・郵送調査では層化無作為二段抽出法といわれるやり方に沿って対象者を選び出す。朝日新聞では、だいたい調査の２、３ヵ月前、全国の選挙管理委員会で選挙人名簿を閲覧し、決められた手順に従って、全国で３０００人を抽出する。たまたま選挙期間中だったり、定時登録期間にあたったりして、選挙人名簿の閲覧ができない場合は、住民基本台帳から抽出する。

最近の悩みは、公職選挙法や住民基本台帳法の改正によって、名簿の閲覧がしにくくなってきたことだ。朝日新聞をはじめ主なマスメディアが実施する世論調査は、まだ閲覧が許されてはいるが、民間の調査会社が名簿を閲覧するのは、どんどん難しくなっている。世論調査関係者の間では頭の痛い問題となっている。

実査に関して苦労が多いのは、なんといっても面接調査だ。学生アルバイトを大量動員して全国津々浦々で調査を実施するだけに、いろいろなことが起きる。トラブルが起きた際の対応も、語り始めたらキリがない。

なかでも調査員が実際には調査をしていないのに、あたかも対象者に答えてもらったかのように回答を作る「メーキング」は深刻だ。それをいかに防ぐかは、調査の信用性を維持する観点から、おざなりにできない。回収数を増やしたいとか、調査を早く終わらせたいとか、そもそも対象者に会いたくないとか、いろいろな理由で「メーキング」は起こる。どうやってそれを見破るかが、面接調査をしているときの最大の仕事であった。最近の日本は至るところで「偽造」が起きているが、世論調査までもが「偽造」だったら洒落にならない。

世論調査は批判的に見てほしい

マスメディアの世論作りの舞台裏、筆者自身が苦労してきたことを、あちこち道草しながら述べてきた。いかがだっただろうか。意外と真面目にやっていると思われただろうか。かなり危《あや》うい感じがしただろうか。受け止め方はさまざまに違いない。

朝日新聞以外のマスメディアで世論調査に携わる人と会って語り合うことがある。みなそれぞれに悩み、失敗をしつつも、真摯《しんし》に調査に取り組もうという姿勢は変わらない。しかし、どれだけ努力し、工夫を重ねても、完璧にならないのが世の中というものだ。

世論調査をめぐる昨今の評価を見ると、調査をすれば社会が見えるといった「依存症」にも似た姿勢から、調査データはウソだらけという「不信症」まで幅が広い。おそらく真実は、その中間にある。

すなわち、

――世論調査には効能もあるが、限界もまたある。

のである。

いささか逆説的なようだが、読者にはまず、巷《ちまた》に溢《あふ》れる世論調査を疑ってほしい。質問の仕方はどうか、十分に多くの人が回答してくれているのか、結果の分析の仕方に恣意《しい》は混じっていないか――。

そのうえで、これは正しい調査だと思うものだけを選んで、判断の材料にしてほしい。ときに厳しい声をお寄せいただくのも大歓迎だ。受け手からの批判の目こそが、マスメディアの世論調査の向上をもたらすと、私は信じている。

第二章　吉田内閣から麻生内閣まで、内閣支持率物語

世論調査の「定番」＝内閣支持率

「内閣支持率？　気になりますよ」

世論調査について雑談をしていたときのこと、ある自民党の代議士がそう切り出した。

「どうしてかって？　そりゃあ、選挙に影響するからね。いま、内閣支持率が○△パーセントだとするじゃない。この支持率で選挙があったら、自分は当選できるかどうかと常に考えるわけだ。中選挙区制だった頃は、自分の後援会さえ固めておけば当選が計算できた。ところが小選挙区制になったら、後援会を固めるだけじゃ足りない。後援会の外に支持を広げるためには、自分の党の親分である首相の人気は欠かせない。このところ首相の人気のあるなしが結果を大きく左右する選挙が続いていて、内閣支持率にはますます神経過敏になる」

世論調査のなかで最も馴染《なじ》み深いのは内閣支持率だろう。その上がり下がりは新聞、テレビのニュースでも大きく報道され、多くの人の関心を呼び起こす。とりわけ政治家にとって気になる数字になっている。

世論調査と政治を語るに際して、まず内閣支持率を取り上げたい。戦後、延々と記録されてきた朝日新聞の内閣支持率データをもとに、歴代内閣の支持率模様、内閣支持率の意味などを眺めてみる。

本章では、小泉内閣以前の内閣支持率を概観し、次章で小泉内閣以降――小泉、安倍、福田、麻生内閣――について語ろう（総選挙があれば政権交代の可能性もあるが）。

ヤフーにも政治サイトが登場

インターネット大手のヤフーは２００６年２月、政治情報サイト「みんなの政治」をスタートさせた。

「ネットを使う20代、30代の政治への関心が低い。選挙にも行かない。ネットが、将来を担《にな》う、こうした世代の政治への無関心を助長しているのではないか。『みんなの政治』には、そうした懸念《けねん》への罪滅《つみほろ》ぼしの意味がある」

そう語るのは、発案者であり、現在の担当者でもある川邊健太郎氏である。

「新聞、テレビなどの既存メディアは、永田町政局や天下国家論はよく報道しても、庶民の生活にかかわる法律や、議員さんの日々の行動についてのニュースは意外と少ない。だから、若い人にはとっつきにくい。

その点、ネットなら法案の全文も流せるし、首相官邸や政党、政治家のホームページとリンクを張ることで、既存のメディアでは目にできない細かい情報を提供できる。双方向性というネットの特性を活かし、審議中の法律案について採点してもらったり、政治家を格付けしてもらったりすることで、政治を身近に感じてもらえる」

最初はささやかに始まった「みんなの政治」だが、ヒット数は次第に増え、現在は月に1200万件程度までになった。

そこに内閣支持率のコーナーがお目見えしたのは2007年1月。20歳以上が参加するモニターから選んだ人に月1回(3日間)、内閣を支持するかどうか聞いた。

記念すべき初回、安倍内閣の支持率は、

支持する 22・8% 支持しない 49・5% わからない・答えたくない 27・6%

支持率はわずか2割。予想外に低かった。

同時期にマスメディアの世論調査が報じた内閣支持率は、たとえば、

朝日新聞 支持率39% 不支持率37%
読売新聞 支持率48・4% 不支持率38・9%
毎日新聞 支持率40% 不支持率36% 関心がない 21%
日経新聞 支持率48% 不支持率41%

と、いずれも支持が不支持を上回っていた。「みんなの政治」の支持率は異常に低い。

ネットの世論調査については、信頼性や妥当性をめぐり議論が尽きない。既存の世論調査と隔《へだ》たりがあるにもかかわらず、ヤフーはあえて内閣支持率の世界に踏み込んだ。政治を語

る以上、内閣支持率は外せないと判断したからだ。

川邊氏は言う。

「法案への賛否にせよ、議員の『格付け』にせよ、いわばミクロの評価だ。それはそれで大切だが、ミクロ評価の総合として内閣支持率はどうしてもほしい。いまはまだ、ネットユーザーの間の評価として参考数値だが、いつの日か、『朝日、NHK、ヤフーの世論調査によると、○△内閣の支持率は……』というふうに扱われたい」

新世代の政治アリーナでも、内閣支持率は欠かせないものになりつつある。

「内閣支持率より政党支持率」

内閣支持率は戦後、日本で世論調査が始まった頃から一貫して調べられている。戦後の日本の内閣は、いずれも内閣支持率という形で国民から採点をされ続けてきたわけだ。とりわけ最近は、内閣支持率の重みが増している。

1998年、世論調査室（当時）に異動したばかりの筆者は、勉強のため世論調査に詳しい自民党職員に会いにいった。橋本龍太郎内閣の支持率が7月の参議院選挙を前に、だらだらと下がっていた頃だ。「参院選を前に内閣支持率の下降は心配ではないですか」と尋ねる筆者に、その人は次のように答えた。

「私たちは、内閣支持率よりもむしろ政党支持率のほうを気にしています。内閣支持率はちょっとしたことで大きく動く。人気度に近いものなので、上がることもあれば下がることもある。気にしすぎることはありません。その点、政党支持率はあまり変動しないが、これがもし下がるとすれば、事態はかなり深刻です。選挙の結果にも直結する」

何かと目立つ内閣支持率より政党支持率に注目しているという指摘に、「さすがプロの見方」と思ったものだ。

それからほどなく橋本首相は7月の参院選に大敗、退陣した。朝日新聞の世論調査によると、選挙直前（6月）の内閣支持率は26％と低水準だったが、自民党の支持率は23％とさらに低かった。政党支持率の「先行指数」ぶりを強く心に刻んだものだ。

小泉内閣支持率が自民党支持率を引っ張った

そんな内閣支持率と政党支持率の関係が、小泉内閣のもとで様変わりした。

小泉内閣の特徴の一つに、在任期間を通じて、内閣支持率が自民支持率を上回り続けたという点がある。5年5ヵ月の在任中の平均内閣支持率は50％。一方、自民党の平均支持率は33％で、内閣支持率に遠く及ばなかった。小泉内閣では、自民支持層が内閣支持を支えるのではなく、内閣支持が自民支持層を引っ張ったといっていい。

その結果、内閣支持率の高低が選挙の行方を占う格好のバロメーターとなった。

それがはっきり示されたのが、05年9月の郵政解散総選挙だった。小泉首相の郵政改革への賛否をめぐって自民党が事実上の分裂選挙をしたにもかかわらず、同党は歴史的な大勝を収める。このとき、小泉内閣の支持率は解散を機にぐんぐん伸び、あれよあれよという間に5割に達した。自民支持率もこれに引っ張られるように4割まで上がった。

つまり小泉首相を支持する人が、小泉首相を助けようと自民党の「支持者」となり、雪崩《なだれ》をうって自民党に投票したのである。

はじめに小泉首相ありきであり、自民党への投票はその結果――。選挙において内閣支持率がいかに重要であるかをまざまざと見せつけた点で、05年総選挙はある意味、日本政治に「パラダイムシフト」をもたらしたといっていい。

こうした経緯もあり、小泉内閣の後の安倍内閣は内閣支持率を非常に気にした。しかし、小泉内閣とは対照的に内閣支持率に振り回されて自滅していった。

福田内閣はどうか。よきにつけ悪しきにつけトップギアで疾走した感のある小泉、安倍両内閣と比べ、疾走感に乏《とぼ》しく、内閣支持率もなんということもなく、だらだらと下がった。後で詳しく述べるが、自民党内閣の多くがたどってきた「最初はよかったのに」型の典型だった。支持率にはこだわらない姿勢を見せたが、約1年で政権を放り出さなければならなかった大きな理由は、支持率だった。

突然の辞任会見で、辞任の理由として「支持率という問題もあります」と言わざるを得なかったのは、それを象徴的に示している。

内閣支持率の高低が首相の死命を制する状況が今後、ますます強まるのは間違いない。内閣支持の意味、性格はどのように変わってきたのか。朝日新聞の戦後歴代内閣の支持率を軸に追跡してみよう。

支持率調査スタートは46年の吉田内閣

朝日新聞に内閣支持率が初めて掲載されたのは、終戦からほぼ1年後の1946年8月5日。手元にそのときの紙面がある。表裏2ページの薄い新聞の一面トップに、

本社輿論《よろん》調査　七月一日現在

三割七分は「支持せず」　吉田内閣　老壮年層に支持者

一位は四割で社会党　勤労、知識階級は野党びいき

との見出しがある。「国民世論の動きに対する本格的な調査を行った」という誇らしげな書きぶりが、当時の高揚感をうかがわせる。

以来、現在の麻生首相に至るまで28人（吉田首相を含む）の首相が内閣を組織している

が、朝日新聞は全内閣について内閣支持率調査を行ってきた。調査回数は300回を超える。

首相が病《やまい》に倒れ65日で総辞職した石橋湛山内閣、女性スキャンダルなどの影響で69日で終わった宇野宗佑内閣、与党が少数になったためわずか64日で総辞職した羽田孜内閣などのいわゆる「短命内閣」でも、内閣支持率はぬかりなく調査されている。

内閣支持率は何をおいても調べるべきものなのだ。同じ質問を続けている点からすると、最古、最長の「時系列」質問だ。

内閣支持率の質問文の変遷

いま「同じ質問を続けている」と書いたが、厳密にいうとちょっと違う。単純に見える内閣支持率の聞き方にも多少、変遷があるのである。少々細かくなって恐縮だが、支持率をめぐる時代状況がうかがえるので、その変遷を紹介しよう。

朝日新聞の内閣支持率はいま、「○△内閣を支持しますか、支持しませんか」と聞いているが、この文言に落ち着いたのは1960年に発足した池田勇人内閣以降である。それ以前の内閣（吉田茂、片山哲、芦田均、鳩山一郎、石橋湛山、岸信介の各内閣）では、「やらせたいですか、変わってほしいですか」「やらせたいですか、変わるほうがいいですか」「続くほうがいいですか、変わるほうがいいですか」「続いたほうがいいですか、変わったほうがいいですか」

など、いくつかの聞き方をしていた。内閣発足後の初の調査では、

「○△内閣になってよかったですか、よくなかったですか」

という聞き方をしていることもある。

「内閣を支持する」という概念が、まだ国民に定着していない時代、内閣への姿勢をどうすれば測れるのか、調査関係者が苦労を重ねている様子がほの見える。

支持率を調査のどこで聞くかでも変動がある。いまは調査の冒頭で聞くのが決まりになっている。そのときどきの政治的な出来事、政策などに関する質問をした後に聞くと、そうした質問に影響を受け、「時系列」の比較ができなくなるとの判断からだ。ほかのメディア各社の調査を見ても、内閣支持は冒頭で聞く例が多い。もっともな配慮だと思う。

しかし、いまから20年ほど前、1980年代半ばまでは、必ずしもそうではなかった。

朝日新聞で内閣支持率を初っ端《しょぱな》で聞くのが定着したのは、86年3月調査からである。中曽根康弘内閣（82年11月～87年11月）の後半だ。それまで内閣支持の質問に指定席はなかった。調査の途中で「話は変わりますが、あなたは内閣を支持しますか、支持しませんか」と尋ねたり、質問の最後で内閣支持を聞いたり、現在から見ると驚かされる大らかさである。

たしかに内閣支持は必須の質問ではあるが、質問の仕方にはそれほど神経質ではない。

それがなぜ、86年から必ず冒頭で聞かれるようになったのか。

朝日新聞で長年、世論調査に携《たずさ》わってきた今井正俊氏は、その理由を「中曾根内閣のもとで内閣支持率の重要度が上がったため」と証言する。

少数派閥出身の中曾根首相は常に世論の風向きを意識し、マスメディアを巧みに使ったパフォーマンスで国民からの支持の拡大を狙った。内閣が国民にどう受け止められているかを端的に示す指標は、内閣支持率にほかならない。それゆえメディア側でも、より正確でブレのない内閣支持率を把握したいと、調査冒頭の質問に固定したということらしい。

ちなみにメディアの世論調査では、内閣支持率を「支持する」「支持しない」の二分法で測るのが一般的だが、毎日新聞だけは「支持する」「支持しない」「関心がない」の三択である。これだと政治や内閣に興味がない人は「関心がない」を選びがちで、支持率も不支持率も低めになりがちだ。毎日新聞の内閣支持率・不支持率は、他のマスメディアと少々異なる結果がしばしば出るが、これにはそうしたわけがある。

支持率別、戦後内閣の類型

戦後の歴代内閣を支持率の観点から眺めてみると、いくつかのタイプに分類されるのに気づく（図2参照）。

タイプは大きく5つに分けられる。すなわち、

①「初めはよかったのに」型

②「最後に一花」型

③「高人気維持」型

④「結局、息切れ」型

⑤「ついに浮上せず」型

である。

このうち最も多いのは「初めはよかったのに」型だ。支持が不支持を上回って始まるが、やがて不支持が支持を上回るようになり、不支持が増え続けて退陣に至るというパターンである。新しいところから、福田康夫、安倍晋三、森喜朗、橋本龍太郎、宮沢喜一、竹下登、鈴木善幸、大平正芳、田中角栄、佐藤栄作、岸信介、鳩山一郎、吉田茂の各内閣がこのパターンだ。

「最後に一花」型は支持先行で始まり、いったんは不支持に逆転を許すものの、その後、支持が不支持を再逆転するパターン。海部俊樹、三木武夫の両内閣があてはまる。小泉純一郎内閣も形のうえではこれに該当する。ただし受ける印象は次の「高人気維持」型に近い。

その「高人気維持」型は、支持が一貫して高く、支持が不支持を上回り続ける内閣である。非自民連立政権でブームを巻き起こした細川護煕内閣、高度成長をリードした池田勇人内閣がこれにあたる。

「結局、息切れ」型は、初めは不支持が支持を上回り、いったん支持が盛り返すが、再び不支持が増えて終わるもの。病気で不意に退陣した小渕恵三内閣や、突然政権を手放した自社さ連立の村山富市内閣はこのパターンだった。

一番悲しいのは「ついに浮上せず」型である。福田赳夫内閣が該当する。微妙なのが中曾根康弘内閣だ。支持率と不支持率が横並びで始まり、両者ほぼ同率で退陣

図2　内閣支持率カーブのパターン

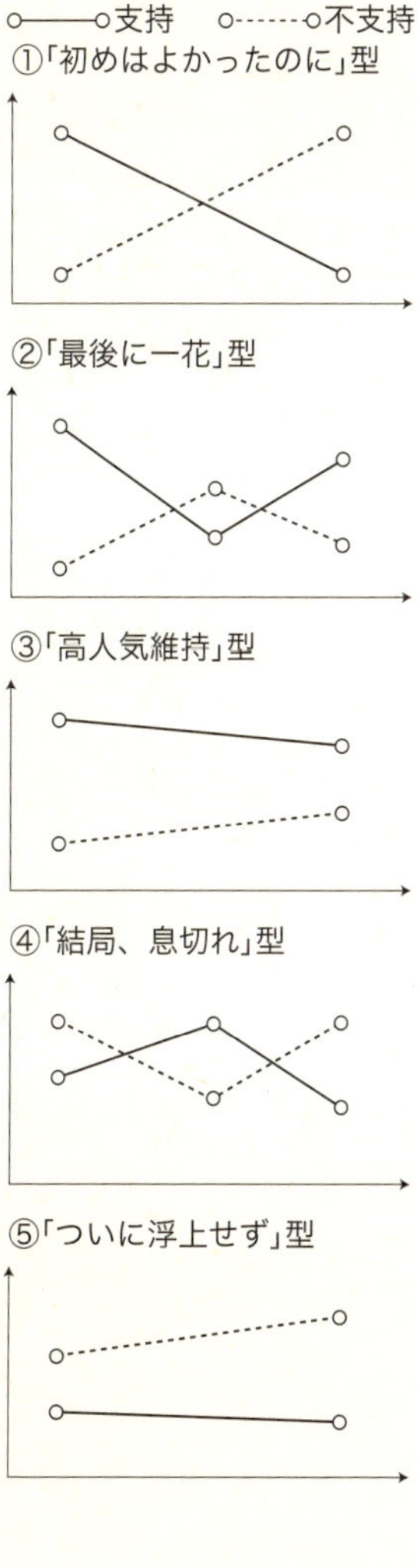

した。したたかと言われた政治手法同様、内閣支持率の面でも二枚腰で一筋縄ではいかない。

では、麻生太郎内閣はどのタイプになるだろうか。

歴代内閣の支持率、不支持率

次に歴代内閣の人気、不人気度を見てみよう。

最高の支持率を記録したのは、言わずと知れた小泉内閣。内閣発足から1ヵ月、ハンセン病裁判の控訴を断念した直後（2001年5月）に空前ともいえる支持率84％を記録している。内閣発足直後の支持率（78％）をさらに上回り、「この内閣はいったいどこまでいくのか」と戦慄《せんりつ》したのを覚えている。

最低の支持率は竹下内閣が1989年4月に記録した7％だ。だが、この数字には留保が必要だ。リクルート事件に端を発した政治不信の嵐のなかで88年末から支持が低迷していた竹下内閣ではあったが、7％は退陣を表明した翌日からの調査で得られた数字だった。「死に体」内閣の支持率は、「生きた」内閣のそれと同列に並べるべきではない。「参考数字」と見るべきだろう。もちろん当時は他のマスメディアも朝日新聞と同様、低い支持率を報じている。党内基盤は盤石《ばんじゃく》だった竹下内閣だったが、その末期には国民からの支持は地に落ちていた。

一方、支持率の平均値を内閣ごとに比べると、最も高いのは細川内閣の68%。以下、5位までを挙げると、2位・小泉内閣の50%、3位・海部内閣の47%、4位・池田内閣の44%、5位・橋本内閣の43%――となる。逆に平均支持率が最も低かったのは森内閣の22%だ。

こうやって改めて並べてみると、いずれも「なるほど」と得心する数値である。

高支持率が誇り――細川首相

たとえば、人気内閣の第一位が細川内閣であることに多くの人は異論がないに違いない。

熊本県知事を2期8年で引退。自ら立ち上げた日本新党を率いて中央政界に颯爽《さっそう》と登場し、93年7月の総選挙後、非自民8党会派の旗頭として一気に首相にのぼりつめ、「55年体制」を約40年ぶりに突き崩した細川氏が、日本政治に一大ブームを巻き起こしたのは、それほど古い話ではない。

内閣支持率はそれを正直に映し出す。内閣発足直後の支持率71%は、それまでの最高だった田中内閣の62%を軽く超えた。その後も支持率は下がらず、懸案の政治改革関連法案を成立させた直後には74%（1994年1月）に達した。8ヵ月の短期政権とはいえ、最低支持率が57%というのは驚異的である。

その頃、私は首相官邸の担当記者だった。長期に及んだ自民党一党支配のもと、すっかり淀《よど》んだ日本政治の変革を求める国民世論を背景に、細川首相が古い政治からの脱皮を目指して奮闘していた様子は、いまも記憶に鮮やかだ。

記者会見で自ら記者をペンで指して質問に答える。APEC（アジア太平洋経済協力会議）ではセーターに黒いジャケット、茶色の長いマフラーをゆったりと巻いて各国首脳との写真に収まる……。それまでの自民党首相では考えられない振る舞いを見せる首相の人気は、小泉首相に勝るとも劣らないものがあった。

ただ、内閣支持率を上げるための戦略を官邸の中枢で練っていた様子はあまり感じなかった。高支持率を維持するため、さまざまな策を用いるとともに、支持率の高さを政権運営に巧みに使った小泉首相とは、そのあたりが違うように思う。

細川内閣で官房長官を務めた武村正義元蔵相はこう述懐する。

「支持率をめぐって細川さんと会話を交わした記憶はないですね。細川内閣が従来と同じ自民党内閣であれば、支持率の高低をもっと意識したかもしれないですが、なにしろ劇的な政権交代の結果、生まれた内閣です。もともと国民の人気は高いだろうと感じていたせいもあって、支持率が高いのは当たり前と思っていたかもしれません。ただ、細川さんが高い支持率を誇りに思っていたのは確かです」

人気はあったが——海部内閣

小泉内閣が人気内閣第2位なのも万人が納得するところであろう。小泉人気については次章で分析するので、ここではひとまずおいておく。

人気度3位の海部内閣には個人的な思い出がある。91年春に政治部に配属された私が首相番記者として初めて出会ったのが、ほかならぬ海部首相だったたからだ。

首相番記者の主な仕事は、終日、首相に張りついて、内外の諸問題についてのコメントを引き出すことである。目の前の海部首相から受けた印象は、能弁だが、言葉が軽い人。国の最高権力者がまとっているだろうと考えていた威圧感というものは、正直いって、あまり感じなかった。しかし、国民からの人気は不思議とあった。有《あ》り体《てい》にいえば、人気の高さが唯一の頼りであった。

自民党は当時、派閥政治の爛熟時代。弱小派閥の河本派に属した海部首相は、竹下元首相、金丸信自民党副総裁、小沢一郎氏が君臨する最大派閥の竹下派（経世会）の動向を常にうかがいながら、政権を運営していた。そんな海部首相にとっての拠《よ》りどころは国民からの人気、すなわち高い内閣支持率にあった。

——低支持率にまみれて政権を去った竹下内閣と違い、自分は国民から支持を受けている。

そんな自負が海部首相を支えていたのは想像に難くない。

海部首相は自らを大きくショーアップするためにいろいろな工夫をした。お父さんのほうのブッシュ大統領からの電話の内容を、それまでの外交上の慣行を破って逐一《ちくいち》、記者に明らかにし、自分がいかに大統領から頼りにされているのか印象づけようとしたのもその一例だ。ブッシュ大統領から海部首相にかかった電話「ブッシュホン」は１９９０年の流行語大賞にもなった。

世論調査の支持率を頼りにしたという点では、小泉首相の先駆けだったようにも見えた海部内閣だが、退陣に至る経緯は、小泉首相とはあまりにも対照的だった。

海部内閣は91年10月、政治改革を進めるため衆議院の解散を狙ったことが自民党内の反発を買い、竹下派に解散反対と首相続投不支持を通告されて退陣を強いられる。直前の世論調査（9月）を見ると、なんと内閣支持率50％、不支持率28％と、小泉首相に負けない高い人気を保持していたのだが、派閥政治のもとでは、最後にものをいうのは世論ではなく派閥のパワー。権勢をふるう竹下派が最後通牒《つうちょう》を突きつけた以上、抗《あらが》う術《すべ》はなかった。

海部首相が衆院解散を断念した10月４日の朝、筆者は首相執務室の前にいた。解散・総選挙に突入するのか、はたまた回避されるのか。廊下で緊張に足を震わせながら閣議の終了を待っていたことが忘れられない。何事もなく閣議が終わり、「解散回避」を確認したとき、「国民人気の高い最高権力者でも、思うに任せないことがあるのだな」と感じたものだ。

それから14年後の05年、小泉首相が自民党内の反対派をなでぎりにする形で衆議院の解散を断行し、未曾有《みぞう》の大勝をするとは、当時は知るよしもなかった。

人気度4位の池田内閣は、私が生まれたころの内閣で、当然ながら実感はない。だが、文献を紐解《ひもと》くと、あの頃の日本が明るさと力に満ちていたのはよくわかる。高度経済成長を掲げ、放言癖はあっても明るいキャラクターで国民の先頭にたった池田首相。本書を書くにあたって池田内閣の支持の詳細を改めて眺めてみたが、男性、とりわけ30代以上から厚い支持を得ていた様子がありありだ。社会の中核として明日を夢見て仕事に邁進《まいしん》していたこうした層が、こぞって首相を支持していたのである。時代と響き合った幸せな宰相だったのだろう。

組閣で凡ミス—橋本首相

人気ランキング第5位の橋本首相には、幾度も取材をしたことがある。能弁で派手なキャラクターに接し、「龍さま人気」もむべなるかなと感じることがしばしばだった。村山内閣の突然の退陣を受けて、96年1月に誕生した橋本内閣。社民党、さきがけとの連立とはいえ、2年半ぶりの自民党首班の内閣は支持率61%と好調な滑り出しをみせる。

その後も基本的に支持が不支持を上回り続けた。足下の自民支持層はもとより、90年代半ばから目立って増えた無党派層からも一定の支持を得ていたのが強みだった。1996年秋、細川内閣のもとで導入が決まった小選挙区比例代表並立制による初の衆議院総選挙を行い、自民党を復調させたことで求心力を確保。改革の旗を掲げ、世論の高い支持も得ていた橋本内閣であったが、思わぬところに落とし穴が待っていた。

97年9月11日、自民党総裁に対立候補なしで再選された橋本首相は内閣を改造した。その際、ロッキード事件で有罪が確定していた佐藤孝行氏を入閣させた。世論の反発は予想されたが、「1週間もすれば薄らぐ」と判断し、断行した。

しかし、これに連立を組む社民、さきがけの両党が反発。内閣改造に合わせて実施された産経、日経の各紙、共同通信などの世論調査でも、国民の間に批判的な見方が多いことが示された。橋本首相は佐藤氏を更迭《こうてつ》せざるを得なかった。世論は橋本首相が考えていた以上に厳しかったのである。

朝日新聞の世論調査を見ても、再選直前の9月7・8日に実施した調査で53%と半数を超えていた内閣支持率が、佐藤氏の更迭直後の同月19・20日の調査では35%まで大きくダウン。発足以来、最低の数字に落ち込んだ。「どうして支持率がこんなに高いのかわからない」と、うそぶくほど好調だった橋本内閣が、一つの失態で劇的に支持を減らした。社民、さきがけとの微妙なバランスの上に乗る橋本首相は、世論に敏感だといわれていた。にもかかわらず、この一件では世論を完全に読み誤ってしまったのである。

その後、橋本内閣は勢いを失っていく。佐藤氏の入閣は文字通り、内閣支持率のターニングポイントだった。

緊急調査の時代の「はしり」

話が少々、横道に逸《そ》れるが、佐藤氏更迭直後の調査（9月19・20日）は朝日新聞の世論調査にとってもターニングポイントとなる調査だった。緊急内閣支持率調査の「はしり」だったからである。

具体的に見てみよう。調査実施が決まったのは、社民、さきがけ両党が佐藤氏の更迭を求める文書を橋本首相に送った9月17日。19日から調査をするよう世論調査室（当時）に指示が下りた。準備期間が1日での調査実施は、それまでの世論調査からすれば、信じられない「強行軍」だった。

「強行軍」を可能にした理由の一つに電話調査の普及があったのは間違いないが、何より大きかったのは、佐藤氏の入閣が内閣支持率に与えるインパクトを早く報じたいというメディアとしての欲求であった。

内閣支持率の動向を即座に調べるこの手の緊急世論調査は、その後、小泉内閣のもとで頻《ひん》繁《ぱん》に行われるようになる。橋本内閣下でのこの調査は、緊急調査の「先駆け」として興味深い。

したたかなパフォーマンス宰相──中曾根首相

中曾根康弘内閣にも触れておきたい。中曾根首相はマスメディアを使ったパフォーマンスを重視した、日本で最初の内閣だといわれる。アメリカから批判を浴びた貿易黒字を削減するため、自らテレビに出演し、パネルの図表を使いながら「国民一人が100ドルずつ外国製品を多く買えば、120億ドルも輸入が増えて外国も喜ぶ」と呼びかけてみたり、アメリカのロナルド（ロン）・レーガン大統領を東京郊外の日の出山荘に呼んで、「ロン・ヤス」の親密な関係を演出したり、それまでの首相にはない行動で注目を集めた。

田中角栄元首相が率いる田中派の全盛時代だった。派閥の力では劣勢に立つ中曾根首相としては、広く世論を引きつけ味方にすることで大派閥を牽制《けんせい》し、自らが目指す政治を実現しようとしたのだろう。

事実、中曾根氏が首相就任に際して自らに課した「中曾根政治手法」を見ると、

——内閣に民間人を中心とする公的私的諮問《しもん》委員会を多数設置し、国民世論を啓発し、国民の支持を獲得しつつ政党と官僚に対抗する力をつくる。

——ブレーン・マシーンを適切に設置し、とくに学界・ジャーナリズムからの人材を活用する。これらの人材の対内外PR効果も活用する。

——世論調査を重視し、世論喚起に全力を注ぐ。そのため、世論喚起に効果あるパフォーマンスを心がける。

など、世論を意識した項目がいくつか挙げられている（1996年、中曾根康弘『天地有情』）。とりわけ、「世論調査を重視し……」というくだりには、世論調査に長年かかわってきた身としては、「そうだったのか」と、いまさらながら感じ入ってしまう。

たしかに中曾根内閣の平均支持率は40％。橋本首相に次ぐ歴代内閣6位（調査が1回だけの石橋湛山内閣＝支持率41％＝は除く）に位置づけられる。戦後歴代4位、1806日の長期政権にしてこの水準は刮目《かつもく》すべきだ。

内閣発足直後は支持率37％、不支持率37％と、それほど高くない支持からのスタートとなったものの、次第に支持を広め、国鉄や電電公社（日本電信電話公社）の民営化を実現する中盤は、一貫して支持優勢で推移。86年7月には衆参ダブル選挙に持ち込んで、大勝。税制改革の失敗で支持が失墜した後、再び支持を盛り返し、支持率39％、不支持率38％と評価二分で幕を閉じている。

——したたかと　言われて久し　栗をむく

首相在任中に詠《よ》んだこの有名な句のように、支持率に関しても実にしたたかな首相だった。

なんとなく?——小渕内閣

個人的に忘れられないのは小渕内閣だ。平均の支持率37%、不支持率は41%。人気はあまり高くはない。だが、なんとも人間くさい支持率の動きを見せる内閣だった。

橋本内閣の後継として98年7月にスタートした小渕内閣は、初め人気のなさここに極まれりといった様子で、支持率は伸び悩んだ。参院選における自民党の大敗の後遺症。前任の橋本氏と比べて地味なキャラクター。ボキャ貧といわれた不器用な言葉づかい……。理由はさまざまだろうが、支持はなかなか広がらなかった。

ところが、半年を過ぎた頃から、支持率が次第に上昇。1年たった99年9月には、ついに支持率が半数を超えた。支持理由は「なんとなく」が多く、周囲を和《なご》ませる人柄が好感を集め、支持を増やしたといわれた。

しかし、その後、支持率はじりじりと下がる。10月からの自民、公明、自由の3党連立政権が有権者には不評だったことや、株価が再び下がったことなどが影響したと見られる。支持理由の「なんとなく」が減った。「なんとなく」内閣を支持するようになった人が、再び離れていったことがありありと示された。

社会の出来事で内閣支持率が生き物のように上下する。小渕内閣の支持率は、社会と絡み合って動いていたように見える。支持率ウオッチャーからすれば、なかなか味わい深い内閣だった。

2000年3月29日付朝刊。私は一本の解説記事を書いた。見出しは、

——真空沈滞　小渕内閣支持率、下げ止まらず　メッキはがれた!?

直前の3月調査で11ヵ月ぶりに不支持が支持を上回ったこと、政策への不満を不支持の理由に挙げる人が増えていることを指摘し、なんとなく人気があがった「真空総理」（小渕首相のニックネーム）のメッキがはがれたと論評した。

この記事が掲載されて数日後の4月2日、小渕首相は倒れ、意識が戻らぬまま首相の座を去り、翌月には不帰の客となってしまった。最後の小渕内閣支持率記事には、そんな切ない思い出が染みついている。

期待、評価、印象？——国民が内閣に期待するもの

このほかにも、
日米安全保障条約改正問題で国論が二分されるなか、最終的に12％まで支持率が下がった岸内閣。

40％前後の支持率をねばり強く維持し、長期政権を成し遂げた佐藤内閣。

庶民宰相、今太閤《いまたいこう》といわれ、高い支持率で登場しながら、その後、支持が急落し、さんざんな幕引きとなった田中内閣。

玄人筋の評価は高かったが、国民的な人気はいま一つで支持率的にはさほどではなかった宮沢内閣。

などなど、紙幅の関係から詳しくは触れなかったが、内閣支持率は時代を画した内閣の「個性」を如実《にょじつ》に映し出していて、いくら見ても飽《あ》きない。小泉、安倍、福田、麻生内閣については次章で述べるとして、内閣支持率から見た歴代内閣のバイオグラフィーをひとまずおくとしよう。

それでは内閣支持率とはいったい何なのか。本章の最後でそれを考えてみたい。

内閣支持率は世論調査で測定されるわけだが、では「○○内閣を支持しますか、支持しま

せんか」と聞かれたとき、回答者はどういう思いで支持や不支持を表明しているのだろう。それが、調査をしながらずっと感じていた疑問であった。

私もかかわった朝日新聞の政治意識調査（3000人世論調査「あなたにとって政治とは」2007年4・5月実施）でこの点を質問してみた。内閣支持を聞かれた場合、何を基準にして答えるかを、「仕事をよくやっているかどうか、という評価」「今後も任せたいかどうか、という期待」「好きかどうか、という印象」のなかから選んでもらったのだ。結果は、

「期待」46%　「評価」41%　「印象」6%

だった。「期待」と「評価」がともに4割を超えて多数を占めた。

内閣支持率について、しょせんは人気投票であるとか、テレビに露出さえすれば上がるとかいう発言をよく耳にする。それが正しければ、「印象」がもっと多くなっていいはずなのに、調査では「期待」にせよ「評価」にせよ、仕事そのものに着目して判断しているという回答が多かった。有権者の内閣を見る目を侮《あなど》ってはいけない。

支持率における「期待」と「評価」の比重

想像を交えての仮説となるが、内閣支持を表明する際、「期待」と「評価」のどちらに比

重がかかるかは、時と場合によって違うのではないか。

歴代の内閣支持率の動きを分析している埼玉大学の松本正生教授は、内閣支持率の意味は内閣ごとに違うと考えている。かつて内閣支持率は一種の社会指標で、社会や経済の状態の善し悪しをめぐる評価と支持率には相関関係があった。だが小泉内閣では、景気動向などの社会指数と無関係に支持率が動く傾向が強かったという。変人・小泉氏の内閣は、支持率でも変わり種なのだろうか。

常に改革の旗を掲げ、何かやってくれるのではないかという「期待」をかきたて続けた小泉首相の場合、内閣支持率も「期待」への比重が大きかった。これに対し、それ以前の多くの内閣は、仕事への「評価」の比重が高かったのではないだろうか。なかでも、内閣支持率の5タイプのうち「初めはよかったのに」型の内閣にはそうした傾向が濃厚だと思う。

発足直後は内閣支持を聞かれても、仕事の「評価」に基づいて判断するのは時期尚早だ。せいぜい「期待」できるかどうかで判断しているに違いない。アメリカでは新しい大統領が誕生してから約100日間は「ハネムーン」とされ、マスメディアも有権者も、政権に批判がましいことはいわず、期待をもって好意的に見守るのだが、日本でも3ヵ月ぐらいは期待先行で内閣を見つめている気がする。

その後は、内閣の仕事ぶりにもとづいて、シビアに採点をされるようになり、「期待」と

「評価」が拮抗《きっこう》するようになる。そして在任期間が長くなるにつれて「評価」に傾いていく。

最近の福田康夫内閣の支持動向を見ていると、そうした気配が濃厚だった。朝日新聞の世論調査によると、07年9月の発足直後、支持率53％とまずまずの出足だった福田内閣は、12月初旬までは4割以上の支持を維持するが、3ヵ月目を目前にした12月下旬に急落、3割まで落ち込み、不支持の先行を許してしまった。福田首相に対する「期待」は冷め、「いったい何をしてくれるの」「メッセージが不鮮明」という冷厳な「評価」が前面に出てきた。

その後、衆議院と参議院のねじれ構造のもと、はかばかしい成果を挙げられない福田内閣の支持はひたすら減り、満を持して断行した内閣改造でも思ったほどには回復せず、退陣に追い込まれた。小泉首相ばりの「期待」のかきたて型と違い、仕事の「評価」で高ポイントを上げるのは至難の業なのだろう。

こう考えてみると、一口に内閣支持率といっても、意味するところは内閣によって、また調査をする時期によって千差万別だ。私たちが内閣支持率を見たときには、その支持率が何を意味するのかにまで思いを致さないと、含意を正確に理解できないだろう。

第三章　小泉内閣から支持率の注目度アップ

世論調査と不即不離の小泉、安倍政権

引き続き内閣支持率について考えたい。登場するのは主に小泉内閣と安倍内閣だ。

善きにつけ悪しきにつけ、世論とかかわりが深かったこの2つの内閣では、内閣支持率のもつ意味が、以前の内閣より桁違いに大きくなった。それを如実に示すのが、支持率調査回数の多さだ。

表3を見てほしい。朝日新聞の内閣支持率調査の回数を内閣ごとに挙げたものだ。調査回

表3　内閣ごとの支持率調査の回数

首相	発足年月	調査回数
吉田茂①	1946／5	2
片山哲	1947／5	1
芦田均	1948／3	2
吉田茂②〜⑤	1949／2	9
鳩山一郎①〜③	1954／12	3
石橋湛山	1956／12	1
岸信介①②	1957／2	7
池田勇人①〜③	1960／7	6
佐藤栄作①〜③	1964／11	17
田中角栄①②	1972／7	5
三木武夫	1974／12	5
福田赳夫	1976／12	5
大平正芳①②	1978／12	7
鈴木善幸	1980／7	11
中曾根康弘①〜③	1982／11	24
竹下登	1987／11	11
宇野宗佑	1989／6	1
海部俊樹①②	1989／8	12
宮沢喜一	1991／11	8
細川護熙	1993／8	6
羽田孜	1994／4	1
村山富市	1994／6	10
橋本龍太郎①②	1996／1	23
小渕恵三	1998／7	19
森喜朗①②	2000／4	11
小泉純一郎①〜③	2001／4	76
安倍晋三	2006／9	22
福田康夫	2007／9	16
麻生太郎	2008／9	?

数が最も多かったのは小泉内閣で76回。在任期間が1980日と長いせいもあるが、平均して26日に1回のペースは驚くべき頻度である。安倍内閣は22回で中曾根、橋本両内閣に次いで4位。しかし、366日という短命のわりに多く、平均して17日に1回と小泉内閣をしのぐ頻度である。

簡単に調査ができるRDD（ランダム・デジット・ダイヤリング）法を使うようになった技術的な理由もあるが、調査回数が増えたのはそれだけの理由ではない。もっと大きな理由は、内閣支持率の需要が高まったことにある。実際、小泉、安倍内閣は世論調査と不即不離の内閣であった。

9％vs.78％―2001年2月と4月の両極端な支持率

2001年、対照的な二つの内閣支持率が時を隔《へだ》てずして現れた。

一つは9％、もう一つは78％（いずれも朝日新聞）。

もちろん別の内閣である。それぞれ何内閣の支持率かわかるだろうか。答えは、前者が森内閣（2月17・18日実施）、後者は小泉内閣（4月27・28日実施）である。1割に満たない超低水準と、8割に届かんとする空前の高水準。筆者には、この二つの支持率が世論調査政治の幕開けを象徴していたように思えてならない。しばらく、当時の記憶の糸をたどってみよう。

2月18日の昼過ぎ、世論調査の途中経過は森内閣の支持率の伸び悩みを示していた。一桁まで落ち込みかねない。

政官界を覆《おお》うスキャンダルや株価の低迷に加え、ハワイ沖で発生した日本の高校の実習船とアメリカの原子力潜水艦の衝突事故への対応のまずさもあって、森内閣をめぐる情勢は厳しさを増していた。内閣支持率は低迷。首相の進退問題もささやかれるようになっていた。

「支持率が一桁だと深刻だな」。記事の準備をしながらそんなことを考えていたところに、政治部から連絡が入った。支持率が一桁ではもたない。森首相の周辺は危機感を強めている——。そんな内容だった。

その夜、調査が終わってみると支持率は9%。竹下内閣の7%(89年4月)、岸信介内閣(60年5月)、田中内閣(74年11月)の12%に匹敵する低さだった。3内閣はいずれも直後に退陣している。森内閣の苦境は明白だった。

翌19日の朝刊一面に、

——森首相、退陣不可避に　支持率9%に急落　「早期退陣」7割超す　自民大勢「もたない」　来月初め最終判断
の見出しが並んだ。「ポスト森」への動きが加速した。

テレビ局数社も同時期に世論調査をしていた。日本テレビの内閣支持率は5・4%と、朝日新聞のそれよりさらにひどかった。

以下は、同日の森首相と記者団とのやりとりである。

記者　朝日新聞と日本テレビの世論調査で、内閣支持率がそれぞれ9%と5・4%。どう受け止めますか。

首相　いつも申し上げていることじゃないか。

記者　しかし、今回は過去最低でした。どこに問題があったと思いますか。

首相　みなさんがいろいろ書いているでしょう。

記者　書かれていることについてどう思いますか。

首相　………。

マスメディアの世論調査でいよいよ追いつめられたことへの焦燥感が漂ってくる。それから2ヵ月後の4月末、森首相は退陣することになる。

世論の力が派閥の論理をしのぐ

森首相の後継に最初に名乗りをあげたのが、小泉純一郎氏だった。首相への挑戦は、橋本龍太郎氏と闘った95年、小渕恵三氏、梶山静六氏と争った98年に続いて3度目だ。これまでは永田町の派閥の壁を破れず、いずれも苦杯をなめている。

ところが3度目の挑戦は、いささか様相が違っていた。

森内閣の不人気は人々の間に変化への渇望を膨《ふく》らませていた。自民党っぽくなく、新鮮な小泉氏への期待が強まっていた。こうした気分は世論調査にくっきりと表れていた。

朝日新聞の3月20・21日の世論調査の「次の首相に誰が一番よいと思うか」では、小泉純一郎氏が13％でトップ。田中真紀子氏が12％の2位。水をあけられて野中広務氏の4％、橋本龍太郎氏の3％が続いた。自民支持層に限っても、①小泉氏19％、②野中氏9％、③田中氏、橋本氏各8％の順。小泉氏の強さが目立っていた。

4月11日告示の総裁選は小泉、橋本、亀井静香、麻生太郎の4氏で争う構図になった。全国都道府県に配分された地方票141票と衆参両院議員票346票の計487票をめぐって選挙戦が熱を帯びる。

小泉氏は当初、必ずしも勝利の確信をもっていなかったようだ。だが、世論はそんな小泉氏を尻目にフィーバーの様相を呈す。13・14日の朝日新聞の世論調査では51％が新総裁には小泉氏がよいと回答。橋本氏の12％を引き離した。他のマスメディアも同じように小泉氏の支持の高さを報じていた。

街頭演説をすると、投票権をもたない自民党員以外の人たちも小泉氏を一目、見たいと集まった。大群衆を前に小泉氏は徐々に自信をもちはじめる。地方票で小泉氏の優勢が語られ、小泉氏の勢いは止まらなくなった。

結局、地方の予備選で小泉氏が次々と勝利を収め、早々と大勢が決した。国会議員も右にならい、小泉氏は3度目の挑戦にして自民党の総裁の座を手にした。4月26日、国会の指名を受け、念願の首相となった。

夏に参院選が迫っていた。選挙に勝つには国民に人気のある人をトップに頂かなければならない。新聞、テレビの世論調査がありありと示す小泉支持の高さを目の当たりにして、自民党員、さらに国会議員が小泉氏になだれ込んだのは、ある意味合理的な行動といえるだろう。

そして、そんな小泉氏への期待は、予想を大きく上回ってかなえられることになる。

未曾有の好支持率スタートの背景

4月28日、小泉内閣の初の世論調査の結果を目にした筆者は、思わず息を呑んだ。

支持率78%　不支持率8%

信じられない数字がそこにあった。他のマスメディアも、

読売新聞　支持率87・1%　不支持率6・1%
毎日新聞　支持率85%　不支持率5%　関心がない　8%
日経新聞　支持率80%　不支持率8%
共同通信社　支持率86・3%　不支持率6%

と高支持率を報じていた。その後、5年5ヵ月の長期政権となる小泉内閣は文字通り、国民的な熱狂の渦のなか、スタートした。

このときの調査の質問で印象に残っているものがある。「小泉さんは、国民の感覚に近い政治家だと思いますか、そうは思いませんか」だ。永田町の「変人」といわれた小泉氏は、国民にとっても「変人」と映っているのか。それとも——。そのあたりを知りたかった。回答は「国民の感覚に近い政治家だ」71%、「そうは思わない」15%。国民との距離感の近さが高支持率の背景にあった。

小泉内閣の支持率を分析すると

ここで小泉内閣の支持率の動きをざっと振り返ってみよう。巻末の歴代内閣の支持率表を見ながら読んでいただければ幸いだ。

発足からしばらく、支持率はおおむね7〜8割で推移。7月の参院選にも勝ち、「選挙に勝てる顔」の役割を果たした。最初の試練は年明けの2002年1月。小泉人気の立役者である一方、外務省との不協和音が絶えなかった田中真紀子外相を更迭《こうてつ》したあおりで、支持率が49％まで急落したのである。

その後も国会議員がからむ政治スキャンダルが続き政治不信が強まったことや、景気が浮揚しないことなどで、支持率は低迷を続ける。悪い流れを断ち切ったのは、小泉首相自身の北朝鮮電撃訪問だった。訪朝発表直後の世論調査（8月31日〜9月1日）で支持率が51％と半年ぶりに5割台を回復。さらに、9月17日の日朝首脳会談で日本人拉致《らち》問題を認めさせた直後に61％、拉致被害者が帰国した後の11月には65％まで上がり、1年前の水準を回復した。

支持率が下がっても「上がるときもあれば、下がるときもある」と受け流し、意表をつく行動で反転を図る。電撃訪朝は、そんな「小泉マジック」の原型といえる。

03年になると、イラク戦争が政権に重くのしかかる。アメリカのイラク攻撃に支持を表明した小泉首相だが、自衛隊のイラク派遣問題もからんで世論の評価は割れ、支持率は40％台を上下、不支持率も上がった。

秋に自民党総裁に再任された小泉首相は、自民党幹事長に当選3回、49歳の安倍晋三官房副長官を抜擢する人事を断行。支持率は59％と再び6割に近づいたが、長くは続かない。11月の総選挙で自民党は、自由党と合併した民主党の躍進を許し、小泉首相の支持率も再び、半数を割ってしまう。

04年は小泉内閣にとって最も苦しい1年だった。自衛隊のイラク派遣は支持率を下げ、40％台前半の支持率が続く。北朝鮮再訪問で一時、盛り返すが、自身の年金未納、「人生いろいろ」発言の影響で敗北した参院選（7月）以後、不支持が支持を超え続けるようになった。

郵政民営化に勝負をかけた05年は、支持率の動きも劇的だ。1月に最低の33％まで落ち込んだ支持率は低迷するが、郵政民営化法案の参議院での否決を受けた衆議院の解散・総選挙になだれ込むと一気に増え、総選挙で歴史的な大勝を収めると55％まで上がった。

高揚の余韻は06年9月の退陣まで続いた。政権末期のレームダックに陥《おちい》ることなく、支持率は最後まで不支持率を超えた。在任中の平均支持率は50％、平均不支持率は34％。支持率の最高は84％、最低は33％で、内閣の存続が危ぶまれるといわれる3割を切ることはなかった。

どういう人たちが小泉政権を支持したのか。男女差はあまりなく、あらゆる年代で支持が不支持を上回った。自民支持層の支持を固めたうえ、支持政党がない人たち、いわゆる無党派層からも、これまでの自民政権にはない支持を得ている。

徹底した「危機管理」

小泉首相はどうしてこれほどまで高い支持率を維持できたのであろうか。この点に関して、小泉首相のもとで首席秘書官を5年5ヵ月務めた飯島勲氏の話にはすごみがある。

飯島氏は小泉政権が始まったときから、「支持率が40％より下がることはない」と周囲に語っていた。その根拠について、次のように説明してくれたことがある。

「小泉は1億2０００万人の国民を相手に政策を訴え、大きな渦を起こして、自民党総裁に当選しました。３００万人の党員を相手にしたのではありません。首相になった直後、支持率が8～9割にのぼったが、こうした経緯を考えると当然でしょう。総裁選びというドラマに国民がこぞって参加したのですから。8～9割のうち半分ぐらいは、何があっても小泉を支持してくれる人たちだと考え、そこに線を引いたのです」

各種の内閣支持率に目を凝《こ》らし、40％を切りそうだと判断すると、反転のための手を打つ。30％台を小泉内閣存続の「危険水域」と見なし、支持率40％はなにがなんでも死守する――。これが、飯島氏が自らに課したノルム（基準）であった。

そのために何をするのか。一言でいえば、「危機管理」である。支持の底割れを招きそうな要素を前もって察知し、先回りをして手を打ち、ダメージを未然に防ぐのだ。

危険は幾度もあった。田中真紀子外相を更迭したとき、首相の靖国神社参拝が内外に波紋を広げたとき、アメリカでＢＳＥ（牛海綿状脳症）と疑われた牛が発生したとき、小泉首相自身の年金未納が発覚したとき……。そのつど、内閣が受けるダメージが最小になるにはどうしたらよいか、頭を使ったという。

一例を紹介しよう。

郵政民営化法案をめぐる参議院での審議が大詰めを迎えた２００５年7月25日、日本道路公団の内田道雄副総裁が独占禁止法違反の疑いで逮捕された。同公団による橋梁《きょうりょう》発注をめぐる談合事件で、受注調整の手助けをしたことなどの罪を問われた。

逮捕の一報が届いたとき、官邸にいたのは飯島氏だけ。小泉首相はホテルオークラでの会食に出ていて留守、担当の首相補佐官も不在だった。

郵政民営化がなるか、ならないかの重大な時期だ。影響が官邸に及び、首相の支持率を下げては困る。小泉内閣の業績の一つである道路公団民営化を10月に控え、段取りに不具合が生じても困る——。飯島氏は矢継ぎ早に指示を出した。

事態がはっきりしないうちにメディアの取材を受けないよう、北側国土交通相には自宅に戻ってもらった。国交省の幹部はすべて足止め。逮捕容疑の中身を調べさせ、事件の広がりを探らせた。道路公団の近藤総裁にはすぐに国土交通省に報告に行ってもらうとともに、その場で記者会見をするように指示した。翌日の大臣会見用の想定問答集も作らせた。

これが功を奏したのか、内閣支持率に大きな下落は見られなかった。「首相自身に非さえなければ、政府を揺るがすスキャンダルがあっても、きちんと対応することで、支持率に悪影響を与えないようにできる」と飯島氏は言いきる。

ちなみに内田副総裁の逮捕当日の紙面に載った朝日新聞の世論調査（7月23・24日に実施）の内閣支持率は41%、不支持率は42%。郵政解散後の8月8・9日調査の支持率は46%、不支持率は38%。副総裁逮捕の影響は見られなかった。

こんな証言もある。

「飯島さんは、マスコミに小泉首相に批判的な記事が出たら喜んでいました。とりわけ、自民党の抵抗勢力のために小泉改革が骨抜きになったというストーリーの記事が出ると、『これでいい』とご満悦でした。そうした記事のほうが、いわゆる提灯記事よりも支持率アップにつながると考えていたフシがあります」

改革に抵抗するなら、自民党といえどもただではおかないとまで公言し、支持をかきたてた小泉首相にとって、抵抗する人たちとの闘い、軋轢《あつれき》もまた、国民の期待をつなぎとめ、高い支持率を維持する秘訣だったのだ。

都市選出議員のメディア重視

小泉氏との付き合いが深い田中秀征元経企庁長官が自著『判断力と決断力』(2006年、ダイヤモンド社)に書いた一文はおもしろい。

――大都市圏選出の政治家は、異常なほどマスコミ報道に神経をとがらせる。また、自らテレビをはじめメディアに出たり、取り上げられることを望んでいる。

それは地方の選挙区と違って、メディアを通じてしか自分の活動を知らせることができないからである。だから長年にわたって大都市で議席を維持してきた人は、メディアを活用する術《すべ》に習熟していると言ってもよい――。

これは小泉氏を念頭に書かれている。小泉氏の選挙区は神奈川11区、大都市圏である。ちなみに田中氏は対照的に長野1区を選挙区としていた。

田中氏は96年ごろ、細川護熙元首相、小泉氏の3人で「行政改革研究会」という勉強会を開いていた。同書には、その際の小泉氏の行動について触れた部分もあるので引用する。


——「行政改革研究会」のときも、「マスコミにどう発表するか」に強い関心を示していた彼に、細川元首相は「まるでマスコミに扱ってもらうためにやっているみたいだ」と首をかしげていた——。


一度目の総裁選に立候補した後で「売り出し中」だった小泉氏にすれば、自分の活動を広く知らせるため、マスメディアに取り上げられなければ意味がなかったのであろう。

メディアをいかに活用するかに腐心してきた人が首相になれば何が起きるか。

これまでは、こちらから追いかけていたメディアのほうが、逆に追いかけてくるようになる。長年培《つちか》ってきた技を使えば、寄ってくるメディアをうまく使い、有権者の心をつかむことも、それほど困難ではない——。

田中氏の説明には説得力がある。

小泉首相は世論調査に興味がなかった？

「小泉首相は新聞に出ている支持率には興味がなかった。もしあったら僕はバタバタして大変だった。一喜一憂されたら、説明しなければいけないし、大変です」

飯島氏は、そう煙に巻く。

しかし、メディアを意識してきた小泉氏が世論調査に興味がなかったとは思いにくい。全体の傾向だけではなく、質問の仕方などの細部にまで関心をもっていたという話もある。

自民党総裁を安倍氏にバトンタッチした2006年9月20日、テレビ朝日の「報道ステーション」はスクープを放送した。首相官邸が内閣府の情報調査室に極秘の世論調査をさせ、その結果をもとに政策判断をしていたという内容である。

波紋を広げた同年8月15日の小泉首相の靖国神社参拝前にも、「総理が8月15日に靖国参拝をしたら支持しますか」という質問調査を2回にわたって実施、発注者は小泉首相その人だというのである。

放送のなかで小泉首相は「世論調査の影響は受けていない。自分で判断している」と言ってはいる。ただ、ことの真偽はともかくとして、世論に一方ならぬ感度をもつ小泉氏と、危機管理に長けた飯島氏が以心伝心で協力することが、小泉内閣の異例ともいえる高い支持率を生み出したという図式は、あながち的外れではないと思っている。

世論に捨てられた安倍内閣

小泉首相が世論に支えられたとすれば、安倍首相の場合は、最初は世論に支えられ、最後は捨てられたといえるのではないか。1年間の安倍内閣を眺めると、期待や人気が雪玉のように膨れ上がっていった発足前後と、それらが見る見るうちに溶け出し消えていくその後とのコントラストが、痛々しいぐらいに鮮明だ。

忘れられない会話がある。

2006年が明け、残りの在任期間が1年を切った「ポスト小泉」の最右翼として、安倍氏の名前が挙がるようになった頃のことだ。衆議院議員会館の一室で「小泉さんの後はなぜ、安倍さんなのでしょう」と聞いた筆者に、ある自民党議員のベテラン秘書は「あなたたちマスコミの世論調査が、『次の総理は安倍さん』といっているのではないですか。私たちも、どうして安倍さんなのかよくわからないのですよ」と話した。

実際のところ、世論調査で聞いてみると、安倍氏に首相になってほしいという声が終始多かった。

安倍内閣は世論調査の申し子

安倍氏の名前が朝日新聞の世論調査に初登場したのは2003年1月である。「いまの政治家のなかで総理大臣には誰が一番よいと思いますか」で、首相である小泉純一郎氏（22％）、東京都知事の石原慎太郎氏（7％）、民主党代表だった菅直人氏（5％）に次いで、官房副長官の安倍氏が4％の回答を集めたのである。

その前年9月の小泉首相の北朝鮮訪問に同行。日本人拉致問題に強い態度で臨み、存在感を示したことが人々の記憶に残ったのだろう。その後、「次の首相にふさわしい政治家は」の質問で、必ず名前が挙がるようになる。

朝日新聞で具体的に追ってみる。いずれも、小泉氏の次の首相によいと思う政治家を、小泉氏以外の国会議員から一人だけ答えてもらう形で質問した。それによると、

05年1月調査　①安倍晋三11％　②岡田克也7％　③小沢一郎4％
05年4月調査　①安倍晋三10％　②岡田克也6％　③小沢一郎3％
05年10月調査　①安倍晋三33％　②麻生太郎5％　③前原誠司3％
06年1月調査　①安倍晋三28％　②福田康夫5％　③麻生太郎2％

と、いずれも安倍氏がトップである。

05年1月と4月の調査のとき、安倍氏は自民党幹事長代理として党改革に取り組んでいた。10月調査は総選挙後の内閣改造で安倍氏が内閣の要、官房長官に起用された直後。「ポスト小泉」が現実味を帯びてきた06年になると、有力候補と目された福田氏、麻生氏といった名前が挙がるようになったのが特徴的だ。

その後、自民党総裁選レースが本格化し、有力候補の麻生、安倍、福田、谷垣禎一の4氏、いわゆる「麻垣康三」に焦点が絞られる。朝日新聞も3月以降は、この4氏の名前を示して首相にふさわしい人を選んでもらった。結果は、

3月調査　①安倍氏47％　②福田氏20％　③そのほかの人13％
6月調査　①安倍氏45％　②福田氏25％　③そのほかの人12％

安倍氏のトップは変わらないが、福田氏がじわりと追い上げていた。ところが、7月21日、福田氏は総裁選への出馬取りやめを表明。安倍、福田両氏の闘いは、選挙の号砲が鳴る前に終わった。

福田氏の戦線離脱を嘆《なげ》く声もあったが、同氏の判断もわからないではない。追い上げているとはいえ、世論調査における安倍氏との差は大きい。永田町のなかからも「世論調査が議員の判断に影響を与えかねない状況になっている。民意として受け止めなければならない」といった発言が公然と飛び出す状況では勝機は乏《とぼ》しい。福田氏にすれば、負けレースからさ

っさと降りるのは、ある意味、自然の成り行きだったのだろう。

あとは安倍氏の独壇場である。

7月調査　①安倍氏36％　②福田氏7％　③小沢一郎氏5％
8月調査　①安倍氏53％　②麻生氏14％　③谷垣氏10％

総裁選の告示直後の9月には、

9月調査　①安倍氏54％　②谷垣氏11％　③麻生氏10％

そして9月20日、安倍氏は晴れて第21代の自民党総裁に選ばれたのである。

ポスト小泉の世論調査は、メディア各社が競って行った。いずれも安倍氏の圧勝だった。

こうした数字が重なって安倍氏優位が形成されていくメカニズムは、派閥の駆け引きの末に総裁が決まっていた以前の自民党にはなかった。世論調査がかつてない影響力を見せるなかで登場したのが安倍内閣であった。まさに世論調査の申し子である。

「初めはよかったのに」型を体現

前人気が高かったので、混雑を覚悟で出かけていった映画が、思いのほかつまらなくて……。そういった経験をもつ人は少なくないだろう。安倍内閣もまた、幕が上がるまではワクワク。本編が始まってみると意外にガッカリ。そんな様相が濃かった。巻末の歴代内閣の支持率の表をもとに話を進めたい。

総裁選から6日後の9月26日、衆参両院の首班指名選挙で選ばれた安倍首相は同日、新内閣を発足させる。朝日新聞の世論調査によると、支持率は63％、不支持率は18％。発足後初の支持率としては、小泉内閣の78％には及ばないまでも、近年では橋本内閣の61％を上回る戦後歴代3位の高水準だった。

他の主な新聞メディアも、

読売新聞　支持率70・3％　不支持率14・2％
毎日新聞　支持率67％　不支持率18％　関心がない　14％
日経新聞　支持率71％　不支持率17％

と、好調な支持率を報じていた。

その後の出足も悪くなかった。2週間後、安倍首相は中国、韓国を訪問、小泉内閣のもとで最大の懸案であった中韓との関係改善を果たす。訪問中、北朝鮮の核実験という事態も飛び出し、それに毅然と対応したことから、直後の朝日新聞の10月調査でも支持率が63％と勢いを持続した。ところが、そこからがいけなかった。

06年11月調査　支持率53％　不支持率21％
06年12月調査　支持率47％　不支持率32％

07年1月調査　支持率39％　不支持率37％

と、支持率は一気に下がる。若くてスマート。元首相の孫という毛並みのよさ。そんな発足時のブームが冷めるのは、あまりにも早かった。

秋の臨時国会では長年の懸案だった教育基本法を改正させた。防衛庁の省昇格も実現した。にもかかわらず、支持率は好転しない。

05年の総選挙で小泉首相の郵政改革に反対した議員を自民党に復党させたことの評判が、かんばしくなかった。さらに「愛人」と官舎で同居していると暴かれた政府税制調査会の本間正明会長、政治団体の不適切な会計処理がスクープされた佐田玄一郎規制改革担当相が相次いで辞任。年が明けても、松岡利勝農水相など閣僚の事務所経費疑惑が公になるなど、政策以外のスキャンダルでも揺れ続けた。

1月下旬に通常国会が開幕してからも、改善の兆しはなかった。施政方針演説で「戦後レジーム（体制）」からの脱却を表明、「教育再生」に力点を置き、「安倍カラー」を強く打ち出した直後に、柳沢伯夫厚生労働相の「女性は子供を産む機械」発言が飛び出し、国会が紛糾する。事務所の光熱費問題を問われた松岡農水相が「ナントカ還元水」と発言して国会がもめる。こんなドタバタ劇によって、春先までに内閣支持率は4割を切り、不支持率が上回り続けた。

反転したのは4月。公務員制度改革の合意、憲法改正への一歩となる国民投票法の成立などを背景に、支持率は40％台半ばまで回復、不支持率を超えるようになった。ゴールデンウイークを越え、この勢いを持続すれば参院選も闘えるかもしれないという楽観的な気配が漂い始めたとき、思いもかけない「爆弾」が炸裂した。年金記録問題である。

97年に基礎年金番号を導入、ばらばらに管理されていた各制度の記録を一本化した際に、誰のものかわからない「宙に浮いた記録」が5000万件にものぼることが、民主党によって国会で取り上げられたのだ。「消えた年金」も明らかになり、社会保険庁の杜撰《ずさん》な体質が白日のもとにさらされた。支持率は直後の5月末、再び3割台に下落した。

松岡農水相の自殺。久間防衛相の「原爆投下はしようがない」発言と辞任。赤城農水相の事務所費問題と顔の〝絆創膏《ばんそうこう》〟……。

不祥事続出に、年金時効特例法案の可決、ドイツ・ハイリゲンダムのG8サミットで打ち出した地球温暖化対策、教育改革関連3法案の成立などの実績はすっかりかすんだ。支持率は30％台前半を這《は》い、不支持率は50％を超えていった。

そして運命の参院選。自民党は参議院の過半数を失う大敗を喫した。直後の内閣支持率は26％と、3割を切った。不支持率は60％にのぼった。起死回生を狙った8月末の内閣改造後も、支持率は33％までしか回復せず、体調悪化から、ほどなく安倍首相は退陣する。

文字通り、「初めはよかったのに」型の内閣の典型例となってしまった。

支持率下落の悪夢の数日間

結局、安倍内閣の平均支持率は38%、同不支持率は42%。戦後歴代内閣のなかでは、村山内閣(平均支持率37%、同不支持率42%)、小渕内閣(平均支持率37%、同不支持率41%)と似たレベルだ。中程度の支持を得た内閣とはいえよう。

男女別で見ると、平均支持率は男性が37%、女性が40%で若干、女性の支持が高い様子がうかがえる。年代ではどうだろう。20~50代で不支持が支持を上回り、支持が不支持を超えているのは60代以上にとどまっている。なかでも40代は不支持が半数近くに達し、アンチ安倍の気分が強い。

支持政党別で見ると、自民支持層の支持は固めているが、無党派層からの支持は少ない。小泉内閣と比較すると、若年層や無党派層での支持が弱いのが特徴である。

広報担当の首相補佐官として内閣発足から07年8月まで官邸にいた世耕弘成参議院議員は、安倍内閣と支持率の格闘を次のように語る。

――発足直後から、支持率がだらだらと低下するなか、私たちチーム安倍ではまず、支持率下落からの反転攻勢の山場を07年1月下旬にセットしました。1月25日に始まる通常国会の冒頭で首相は施政方針演説をするため、それに合わせて少子化対策や格差対策としての成長力底上げ戦略を次々と打ち出し、国民の安倍内閣への不満を解消、支持を上昇気流に戻そうという狙いです。

こうした方針に従い、安倍首相は国会で歯切れよく演説し、自らのカラーを鮮明にしました。さあこれからというときに、柳沢大臣が「女性は産む機械」ってやっちゃって、そうした戦略が全部パーになってしまったのです——。

年金記録問題をめぐっても、手をこまねいていたわけではない。

——年金問題は支持率うんぬんではなく事態そのものが深刻だったので、なんとかねじふせようとしました。08年3月までにしっかりコンピューターの中のデータの名寄せをする。加入履歴を10月までに国民に送り、記憶に照らしてチェックをしてもらって間違いを消していく。最終的には紙の台帳までいって、最後の一人まで明らかにする。こうした対応のパッケージを5月25日（金曜日）の国会答弁で安倍首相にきちんと言ってもらいました。土曜の新聞では対応策をストレートに報じてもらえて、私自身は「ある程度の理解が得られた」と安堵していました——。

ところが、日曜の夕方に、官邸に入ってきた毎日新聞と日経新聞の世論調査の結果は、ともに前回より不振だった。自身の選挙運動のため地元和歌山県にいた世耕氏は、官邸からの連絡を受けて急遽《きゅうきょ》、東京に戻る。

——テレビの影響を甘く見ていたのです。新聞は理解をしてくれたが、テレビは土・日の情報番組で「大変だ、大変だ」のオンパレード。その影響がガーンときたのですね。この手の問題では、新聞にいくら書いてもらってもダメだということがよくわかりました——。

年金問題への対応策の説明をさらにわかりやすくする。ワイドショーのディレクターに説明に行って、理解してもらおう。官邸が次の一手を決めていたまさにそのとき、松岡農水相自殺の報が届いた（28日）。もはや支持率を上昇させるどころの話ではない。降りかかる火の粉を振り払うのに精一杯の日々だった。

世耕氏は言う。

「このあたりは悪夢のような数日間だった」

安倍首相の3つの不運

世耕氏の話を聞きながら思ったのは、安倍内閣の世論の動向に対する敏感さである。官邸ではマスメディアをはじめとする各種の内閣支持率のデータが集められ、それをもとに対策が錬られていたという。にもかかわらず、安倍内閣は小泉内閣ほど世論を引きつけることはできなかった。

世論調査政治のなかで、内閣支持率に躍った2人の宰相の明暗を分けたものは、いったい何だったのだろうか。

安倍首相の不運を3つ挙げたいと思う。

第一の不運は、前任者が「悪かった」ことである。

小泉首相がバトンを受け取った相手は、記録的な低支持率に喘《あえ》いだ森首相だ。小泉首相は森首相の真逆をやることによって、すっかり愛想を尽かした有権者の心を取り戻していったのである。

――密室談合で選ばれた森首相とは対照的に、世論へのアピールを前面に押し出した「疑似公選」スタイルで首相の座を手にした。

――典型的な派閥政治家である森首相と異なり、派閥の都合をいっさい無視した人事を断行した。

――森首相が得意な調整型の政治手法はとらず、トップダウンで政策を推し進めた。

小泉首相と森首相の違いは挙げればきりがない。いずれにせよ小泉氏は、自民党らしからぬ首相になることで、国民に「自民党は変わった」と思わせ、支持率を嵩上げしていった。前任者の支持率があまりに低かったため多少、支持率が低下しても気にしなくてもいいというのも有利だった。

これに対し、安倍首相の前任は小泉首相。支持率の高かった小泉首相の路線を踏襲せざるを得ず、そのぶん、何をやっても人目を驚かす効果は薄く、支持に弾みをつけにくい。さりとて、郵政「造反」議員の復党のような、小泉首相と反対の路線をとると、支持はあからさまに減った。

もともと安倍首相は、政治信条の面でも、手法の面でも、性格的にも、小泉首相とはかなり隔たりがある。人が違い、性格が違えば、政治の進め方は異なって当たり前なのに、無理して小泉流を目指さざるを得なかったことが、どこか借り物で落ち着かない印象を残し、民意を引きつけきれなかったのではないか。

不運の第二は、業績を強調しすぎたことだ。

内閣支持の中身が大きくいって、「期待」と「評価」に二分されるのは前章で述べた。小泉内閣の場合、改革への期待をかきたてる政治手法からして、最初から最後まで期待に基づく支持が多かったと見られる。抵抗勢力によって改革が骨抜きにされたら、「がんばれ」との期待をこめて支持率が上がる現象が見られたのは、その事実を裏書きする。

これに対し、安倍内閣は業績をことさらに強調する傾向があった。とりわけ、参院選が近づくと、政治とは結果とばかりに自らの業績を言挙げする姿勢が目立った。

「期待」より「評価」でポイントを稼ぐほうが難しい。それでも、安倍内閣はそれなりに仕事をしたと筆者は思う。教育基本法の改正、防衛庁の省昇格、国民投票法の成立。いずれも長年の懸案を処理したもので歴史に残る。

しかし、安倍首相にとって不運なことに、これらの仕事は、いずれも賛成する人も反対する人も多いという、いわゆる争点型の仕事であった。

景気対策のように、成果が上がれば国民のほとんどが評価するという代物ではない。皮肉なことに、業績を上げれば、そのぶん敵も増やすのである。当然、国民がこぞって内閣を支持するということにはならない。

第三の不運は、文字通り「ツキがなかった」のだ。

小泉首相にはツキがあった。ツキを呼び込むのも実力のうちだが、たとえば支持を大きく反転させた北朝鮮訪問にしても、支持の低迷に苦しんでいた２００２年秋に日朝双方の環境が整い、ゴーサインが出たのは時の僥倖《ぎょうこう》に恵まれた面も少なくないだろう。

一方、安倍首相は、反転攻勢に出ようとするごとに、大臣の不用意な発言や不祥事などのスキャンダルが飛び出して、足もとをすくわれた。「危機管理」が甘かったといえばそれまでだが、運のなさは否めない。

以上の３点の不運は、筆者が安倍内閣をウオッチする過程で常に感じていた個人的な感想である。

時をおいて、あらためて両者の違いを考えてみると、世論に対して能動的だった小泉首相に対し、どこか受け身の安倍首相という図柄が浮かんでくる。

世論調査に精通した政治学者から今春、熊本県知事に転身した蒲島郁夫氏から以前、こんな分析を聞いたことがある。同氏がまだ東大教授で、安倍内閣が支持率の低下に喘《あえ》いでいたころである。

——安倍さんは必死になって世論を誘惑しようとしている。しかし、小泉さんにはできたが、安倍さんにはできていない——。

同氏は、小泉氏は民意の動向を直感的につかみ、行動するタイプの政治家である、という。たしかに、世論を気にはするが、いざというときは、むしろ世論を引っ張っていこうとするのが小泉流だ。郵政民営化にせよ、靖国神社参拝にせよ、そういうところが多分にある。世論に対して能動的なのだ。

一方、安倍さんは、世論を気にかけ、その意を汲《く》んで動こうとした。そのための客観資料として、世論調査の数字を非常に気にした。小泉氏と比べると、世論への姿勢が受動的である。その結果、善し悪しは別にして、ことが起こった際の行動が対症療法的になり、後手後手に回ったのも事実である。

こうした世論への向き合い方の違いこそが、2人の明暗を分けたのではないだろうか。少なくとも、「誘惑」は受け身の姿勢からは出てこない。

余談になるが、政治や世論を分析する側から政治を実行する側に回った蒲島氏が今後、世論とどう付き合っていくのか、興味が尽きない。いずれ機会を見つけて、理論と現実のあわい（間）についての話をお聞きしたいと思っている。

支持政党は党首の魅力による

ここまで小泉、安倍内閣の内閣支持率の動向を詳しく見てきた。

続く福田内閣は、しばらく鳴りを潜《ひそ》めていた自民党の派閥の論理でできたという出生からして、小泉内閣より前の自民党内閣に逆戻りしたかの印象があったが、世論に対するスタンスも旧態依然で、世論に超然としている姿すらうかがえた。しかし、その結果、安倍内閣以上の低支持率に悩み、解散権はもとより政権の推進力を手にできないまま、「政権放り投げ」を余儀なくされてしまった。後任の麻生首相もまた、解散時期などをめぐり、支持率のクビキから逃れられないように見える。

小泉、安倍内閣からの世論調査政治は、いまや時代の流れなのである。

そこで、小泉、安倍両内閣のもとで世論調査、とりわけ内閣支持率のもつ重みがますます高まった理由を、改めて考えてみたい。

対照的な歩みをたどった小泉内閣と安倍内閣だが、共通点もないではない。ともに内閣支持率が自民支持率を上回り続けた内閣だという点である。両内閣を合わせて6年以上の間、内閣支持率が政党支持率を上回った意味は小さくない。筆者はこれが、内閣支持が重視されるいまの政治状況を象徴的に表していると考えている。

どういうことか。以下、簡単に説明をしてみたい。

表4を見てほしい。中曾根内閣以降の内閣について、自民支持層と無党派層の内閣支持模様を表示したものである。

日本は議院内閣制の国である。議院内閣制とは、議会で多数となった政党、すなわち与党が内閣を組織し、行政権を握る制度だ。与党支持者は内閣を支持するはずであり、自民党の内閣なら自民支持層が内閣支持の中核となるのが普通だ。小泉内閣では自民支持層の支持率が平均80%に達し、安倍内閣でも77%にのぼっている。

内閣支持率が自民支持率を上回り続けるとは何を意味するのだろう。小泉内閣の、50%（平均内閣支持率）－33%（平均自民支持率）＝17%。安倍内閣では47%（平均内閣支持率）－30%（平均自民支持率）＝17%。2つの17%（たまたま同じになった！）は明らかに自民支持層以外から支持を調達してこないと埋まらない（実際には自民支持層のすべてが内閣を支持するわけではないから、これ以上を自民支持層以外から引っ張ってこなければなら

表4　中曾根内閣以降の内閣支持模様

全体	中曾根	竹下	宇野	海部	宮沢	細川	羽田	村山	橋本	小渕	森	小泉	安倍
内閣支持率	40	35	28	47	33	68	47	37	43	37	22	50	47
不支持率	34	40	44	32	48	15	32	42	38	41	57	34	42
自民支持率	44	41	32	44	42	24	26	27	31	28	29	33	30
無党派層の比率	33	35	39	30	36	42	43	47	48	47	46	46	45
自民支持層													
内閣支持率	65	54	56	73	53	55	44	46	75	65	48	80	77
内閣支持層に占める割合	72	68	64	69	70	20	24	33	56	52	56	54	62
無党派層													
内閣支持率	20	18	15	26	16	62	38	27	27	23	11	36	23
内閣支持層に占める割合	16	17	21	16	17	38	35	34	30	29	22	33	26

数字は％。いずれも在任中の平均値。宇野、羽田両内閣は調査1回だけ（朝日新聞）

ない）。

それはどこからだろうか。まず、連立与党を組む公明支持層が考えられるが、公明支持層は一貫して数％にすぎず、寄与度はさほどではない。17％に対応できる規模をもった集団は、有権者の半数近くを占める無党派層のほかはない。

そのあたりを表4で確認すると、小泉内閣に対する無党派層の平均支持率は36％、安倍内閣に対する無党派層の平均支持率は23％だった。小泉内閣の36％は、非自民連立だった細川護熙内閣の62％はさておき、自民党の内閣としては異例の高さである。安倍内閣の23％も、歴代の自民党内閣と比べ、遜色はない（森内閣の11％と比べてみてほしい）。

国民の幅広い支持を得た小泉内閣は無論のこと、支持が失速した安倍内閣でさえ、自民支持層以外の層、具体的には無党派層に依存することで、支持の暴落を逃れていたのである。

自民支持率が30〜40%だった時代が過去となり、これからの内閣が高い支持率を獲得しようとすれば、無党派層にどれだけ支持の輪を広げられるかがカギを握るのはいうまでもない。

いまの自民党の最大の悩みは、業界団体などの支持基盤が弱体化していることだ。支持者、いわゆる身内を固めれば、選挙で勝てるといえる状況ではない。無党派層からどれだけ集票できるかが、勝負の行方を決める。自民党の支持者といえども、時々の政治情勢によっては、投票してくれるか定かではなくなっているという事情もある。

無党派層や自民支持層にアピールし、自民党への投票を促すものは何か。それこそ自民党の党首である首相の魅力に尽きるのではないか。高い内閣支持を獲得できる人気のある首相が、無党派層や自民支持層を引きつけなければ、自民党は立ち行かなくなっているのである。

こうした事態は自民党が一時、政権を手放した90年代半ばから、じわじわと広がっていた。95年、橋本龍太郎氏が自民党の総裁に選ばれたのも、国民から人気のあった橋本氏を押し立てて、党勢の復活に活用しようとの期待感があった。その橋本首相は無党派層から、そこそこの支持を獲得したにもかかわらず、不況や減税をめぐる迷走によって、98年の参院選で大敗、退陣する。

後継の小渕、森の両内閣が国民的なブームを起こせないまま、民主党の伸張を許したことは、無党派層からも支持を集められるリーダーを待ち望む気分を、自民党の所属議員や党員の間で否が応でも高めた。万民にアピールする「党首力」が首相に求められるようになったのである。

総裁選で2度、自民党から否定された小泉氏が3度目にしてトップの座を勝ち得たのには、そんな時代背景があった。

内閣支持率の水準が上がる

求められる内閣支持率の水準が上がる気配もある。

支持率が何％あれば、その内閣は安定しているといえるのだろうか。関係者の間では長く、「内閣支持率が30％を切ったら危険水域」という暗黙の了解のようなものがあった。なるほど過去の内閣の支持率を眺めると、支持率が3割を割り込んだら、ほどなく退陣している例が目につく。

これに関して、先に引用した朝日新聞の政治意識調査で興味深い結果が出た。「内閣支持率が何％まで下がれば内閣の存在は危うくなると思いますか」と聞いたところ、「30％を下回ったとき」が、40％とトップだった。男性も女性も、若者も年配の人も、「30％を下回ったとき」が4割前後と変わらなかった。暗黙の了解は有権者の皮膚感覚とも合致しているようだ。

だが、実はこの質問の妙味は「40％を下回ったとき」という回答が20％もあったところにある、と筆者は考えている。50％近い支持率を保ったまま退陣した小泉内閣が、内閣支持率の「相場観」を引き上げたように思うからだ。

飯島氏が内閣支持の一線を「40％」としていたこと、自民党議員の中に「40％の支持率がある内閣だと選挙が闘いやすい」という声があることとも符合している。

身内の与党の支持を固めるだけではなく、無党派層からの支持獲得が不可欠となったこれからの内閣においては、求められる支持率の水準が上がることは容易に想像される。

小選挙区制のもとで二大政党政治が本格化すれば、内閣は常に40～50％の支持率が求められるのではないだろうか。

じっくり型からクイック・レスポンス型へ

内閣支持率の質の変化も念頭においておくべきだろう。

内閣支持率の中身は近年、急速に変質している。本章冒頭で示した表3をもう一度、見てほしい。表は朝日新聞が各内閣で何回、内閣支持率を調べたかを示している。調査回数は大ざっぱにいって、在任期間が長いほど多くなる。間隔が詰まってくるのは橋本内閣からだ。先述したように、小渕内閣からは月1回の定例調査が定着。小泉内閣は26日に1回、安倍内閣に至っては17日に1回のハイペースで調査をしている。

調査回数がどうしてこんなに増えたのか。世論調査の主流が面接調査から電話調査に変わったことが大きな要因である。

長い間、世論調査の基本であった面接調査は、落ち着いた民意をすくい取るという面で優れた方法だった。しかし、いかんせん準備に手間と時間がかかる。その点、電話調査、とりわけ現在のRDDなら、準備にかかるのはわずか数日。その気になれば、週に数回、内閣支持率を調べることもできる。

朝日新聞が内閣支持を電話で初めて聞いたのは、細川内閣（93年8月～94年4月）のとき。村山富市内閣（94年6月～96年1月）でも発足直後の調査は電話で実施している。

電話調査による内閣支持率が増えるのは、橋本内閣以降だ。小渕内閣、森内閣では電話調査が主体となり、時折、面接調査による支持率が混ざるようになった。小泉内閣からは内閣支持率はRDDだけで測られるようになり、臨機応援に支持率を調べることになった。調査の回数は飛躍的に増えていった。

ちなみに、現在の他のマスメディアの対応はどうか。毎日新聞も電話調査（RDS）、日経新聞も電話調査（ＲＤＤ）だけで内閣支持率を調べている。これに対し読売新聞は、月1回の面接調査が主体で、折に触れて電話調査（ＲＤＤ）を併用している。

だが、調査の頻度が高まったのは、方法の変化によること以上に、世の中が求める内閣支持率が「じっくり型」から「クイック・レスポンス型」に変わった点にあるのではないだろうか。

支持率調査は国民投票

内閣支持率は、いまや内閣の信任・不信任を問う国民投票的な役割が期待され、すっかり政治過程に組み込まれている。すなわち、

――政治的な動きが起きる↓内閣支持調査をする↓支持・不支持の傾向がわかる↓それによって次なる政治的な動きが起きる。

という流れができつつあるのである。

そこでは、何かことがあれば、すぐに支持率がわからなくてはならない。早さが優先される有権者の瞬間的な反応（クイック・レスポンス）による支持率が、従来の「じっくり型」の支持率に取って代わった。

だが、こうしたクイックな内閣支持率に左右される政治は、どこか落ち着きがないのも事

実だ。小泉内閣、安倍内閣のもとでの政治がハイテンションな印象を残すのは、内閣支持率の頻度が上がり、その性格が変わったことにも、いくばくかの原因がある気がしてならない。

そもそも内閣支持率とは、内閣の仕事への「期待」やら「実績」やらが入り交じった複合的なものだ。「一度下がれば、もうダメ」というものでもない。今日のように、調査の頻度が多く、支持・不支持が大きな振幅を見せる場合には、なおさらそうである。

逆にいま、支持が高いといっても、ずっと高いとは限らない。内閣支持率は政治を見ていくうえで欠かせない指標ではあるが、はなはだ移ろいやすいものであり、そんなに一喜一憂する必要はないとは思う。だが……。

単なるバロメーターではない

福田内閣は発足当初、「お友達内閣」と揶揄《やゆ》された前任の安倍内閣とは一味違う大人のムードを感じさせ、支持率も悪くはなかった。発足直後のマスメディアの世論調査の支持率は、

朝日新聞　支持率53％　不支持率27％
読売新聞　支持率57・5％　不支持率27・3％
毎日新聞　支持率57％　不支持率25％　関心がない16％

日経新聞　支持率59％　不支持率27％

小泉内閣のようなブームはないが、歴代内閣でいえば、池田内閣や宮沢内閣に近い。自民党のオーソドックスな内閣の滑り出しだった。

ところが、その後、あらゆるメディアの世論調査で内閣支持率は低下する。支持率が下がるたびに、町村信孝官房長官は、

——支持率は国民のみなさんの気持ち、考え方を測る一つのバロメーターと思っているが、それを目当てにして政治をやっているわけではない。いま、与えられた課題を一つ一つ着実に実行していく。それ以外に対策はない——。

と、記者団に答えていた。

筆者は、この発言は正しいと思う。しかし、現実は内閣支持率を単なるバロメーターといってすむ時代ではもはやなくなっている。選挙を闘う身内の議員が収まらないのである。

小泉内閣以後、内閣支持率の重要度は好むと好まざるとにかかわらず、明らかに増した。旧来の自民党の宰相らしい福田首相だったが、一時代前の自民党流では事態は乗り切れなかった。

かくして、「政権放り投げ」へのレールが敷かれていったのである。

第四章　政権交代が見えてくる政党支持率

政党支持率は「空気」のような存在

政党支持率は世論調査の定番である。内閣支持率と並び、草創期からずっと聞き続けられている。朝日新聞が1946年3月、初めて実施した世論調査（実験的世論調査であり紙面化はされていない）の項目は、ずばり「どの政党を支持するか」だった。

だが、伝統ある質問にしては、その扱いは意外と地味である。派手に扱われる内閣支持率とは対照的に慎《つつ》ましく載っていることが多い。筆者の感覚では、政党支持率は「空気」みたいなものだ。ふだんはことさら目立っているわけではないが、なければ困る。

実際、政党支持は世論調査に欠かせない質問だ。

政党支持率には大きく2つの使い道がある。

第一は数値そのものを使うケースだ。かつて、自民党の支持率は民主党のそれをかなり上回っていた。最近は両者の差が接近。ときに民主党が上回ることもある。仮に調査で自民支持率30％、民主支持率28％になれば、

——民主党には自民党に迫る勢いがあり、有権者のなかにもその政策、主張への共感がかなり広がっているようだ。

と読める。選挙が迫れば、

——自民党と民主党の力は接近。選挙は激戦になりそうだ。

と予想できる。

第二は、分析の道具として使うケースだ。世論調査で、ある政策について「賛成」50%、「反対」40%、という結果が出たとしよう。「2人に1人は賛成なのか」と納得しつつ、どういう人がこの政策に賛成しているのかを知りたくなるのが人情ではないか。その際、性別や年代、居住地などと並んで政党支持が有効な切り口になる。

賛否が、

自民支持層で「賛成」60%「反対」30%

民主支持層で「賛成」35%「反対」55%

であれば、自民党、民主党のいずれを支持するかで賛否が正反対だ。この政策は争点になるに違いないと考えられる。奥行きのある政治意識分析ができるわけだ。

自民支持層に多い巨人ファン

政治についての意識調査なら無論だが、政治と関係ない世論調査でも政党支持別の分析がなかなか味わい深いことがある。私の記憶に残る例を挙げよう。

朝日新聞は03年7月22日、プロ野球に関する世論調査の結果を報じた。好きな球団のトップは34％の巨人、2位が19％の阪神、3位が4％で中日、ダイエー。この年は阪神が18年ぶりにリーグ優勝を果たした年。以前と比べ阪神ファンが増えていると指摘したうえで、――自民支持層の5割が巨人ファンで、阪神ファンは2割弱。民主支持層ではともに3割ほどだった。

と支持政党別で分析した。つまり自民支持層は巨人好きの比率が高く、民主支持層は阪神びいきが多いというわけだ。これまで会った人を念頭に自民支持層には巨人ファンが多いだろうとなんとなく思っていたが、調査結果もその通りで、ストンと心に落ちたのを覚えている。

政党を支持するとはどういうことか

話が少々脱線した。政治意識の基本ともいえる政党支持だが、改めて政党を支持するとはどういうことか考えると、こちらはストンと落ちてこない。

正直いって、日本では組織政党である公明党、共産党以外の政党では、支持するといってもその度合いはソフトで淡い。とりわけ自民党の支持者では、支持の流動化が進んでいるようだ。

本書でたびたび引用している朝日新聞の政治意識調査で、「政党を支持する」の意味を探る質問もしている。

支持する政党があれば、

①党員になってもよいか

②お金を寄付してもよいか

③政治活動や選挙にボランティアで参加してもよいか

④その政党の候補者に必ず投票するか

を、それぞれ質問したのである。

自民支持層で見てみると、「党員になってもよい」は22％（「すでになっている」を含む）、「寄付してもよい」は11％（「すでにしている」を含む）、「参加してもよい」は29％（「すでにしている」を含む）、「必ず投票する」は55％。「党員」、「寄付」、「参加」の低さもさることながら、「投票する」が半数強しかいなかったのは驚きだった。支持しているのに投票しないなんて。じゃあ、支持って何なんだと思ったものだ。

民主支持層はどうか。「党員になってもよい」18％、「寄付してもよい」18％、「参加してもよい」36％、「必ず投票する」61％。自民党と同じように支持の強さはさほどではない。「投票」では自民支持層より、やや「義理堅い」様子がうかがえるが、それでも6割。

政党を支持するとは、いったいどういうことなのか――。そんな疑問が筆者のなかでどんどん膨《ふく》らんでいった。

「私は民主党」「私は共和党」のアメリカ型政党支持

そもそも日本人は政党を支持する意識が薄い。選挙のときはさておき、日常生活の中で自分が何党を支持するかを意識したり、それを公言したりする場面はあまりない。外国はどうだろうか。

たとえばアメリカ。民主党と共和党による二大政党制であるこの国では、政党支持を政党帰属意識（Party identification）と呼ぶことからもわかるように、政党に対する帰属意識が強く、自分と政党を同一化する傾向がある。民主党を支持している人は「私は民主党（Democrat）だ」といい、共和党を支持する人は「私は共和党（Republican）だ」という。どの政党も支持していない、いわゆる無党派層は自分を「私はインディペンデント（Independent）だ」という。

こうした政党帰属意識は、親から子へと受け継がれる。「ロミオとジュリエット」のモンタギュー家とキャピュレット家にならえば、あの家はデモクラット（民主）家、この家はリパブリカン（共和）家となる。

どの政党を支持するかを決めると、それが逆に、その人の政治行動を決める向きも強い。

社会的、経済的に低い階層からの支持が厚い民主党は、リベラルな色彩が濃く、社会、経済的に高い階層から支持される共和党は、より保守的だ。「自分は民主党」という人は、民主党のこうした行き方をお手本に、リベラルな政治行動をとる。一方「自分は共和党」という人は、共和党を手本に保守的な政治行動をとるようになる。もちろん選挙に際しては、民主党の支持者は民主党に投票するし、共和党の支持者は共和党に投票する。支持という行動を通じ、政党と有権者が一体になるわけだ。

アメリカ流は日本にあてはまるだろうか。「私は自民党だ」とか「私は民主党だ」となるのだが、どうだろう。なんだか落ち着きが悪くはないだろうか。

政治組織に自分を一体化するこうした帰属意識は、日本人には合わないようだ。

社会階層による欧州型政党支持

次にヨーロッパを見てみよう。

ヨーロッパ型の政党支持については、社会的亀裂（Social cleavage）によって、しばしば説明される。

亀裂（クリヴィッジ）とは、簡単にいえば、社会の中に生じる利害の対立関係のことだ。具体的には、中心対周辺／教会対政府／都市対農村／労働者対雇用者——などの亀裂がある。

利害が対立するそれぞれの陣営には、それぞれの利益を代表する政党ができる。有権者は自分の利益に合致する政党を支持するようになり、選挙の際には投票をする、というのが、社会的亀裂モデルによる政党支持の有り様である。有権者と政党の関係は強く、支持と投票することが結びつく。

だが、この考えも日本には合わない。まず、中心対周辺、教会対政府といった対立が日本にはない。都市と農村の間では差異はあるが、それぞれを代表する政党は、いまのところできていない。労働者対雇用者については、労働組合に立脚するかつての社会党、大企業を支持基盤とする自民党の対立はあったが、社会的な亀裂を引き起こすほどのものではなかった。

日本の政党支持は、同じ民主政治の国であるアメリカ、ヨーロッパのいずれとも違うタイプといえよう。

かつての日本は保革対立

それでは日本の政党支持はどういうものか。

55年体制のもとで政党支持を説明するとき、よく使われてきたのが、政治的な価値観に基づく「保革対立」と、人間関係を重視する「社会的ネットワーク」だ。

戦後の日本政治では、長らく保守対革新が対立の軸としての役割を果たしてきた。政治的な信条、価値観、政策のそれぞれについて、それぞれの政党が保守と革新のいずれに位置するかを定め、有権者は自分の立場に近いと判断した政党を支持するというのが「保革対立」による説明である。

ここで注意すべきなのは、保守と革新が具体的に意味する内容が、時代とともに変化してきた点である。以下、その流れを簡単にたどってみる。

保守、革新が政治のシンボルになったのは、「55年体制」がスタートした1955年頃からだ。当時の保守は、戦前の伝統や価値観を評価し、日米安保体制を重視し、経済的には資本主義を支持するものだった。これに対し革新は、戦後に生まれた新しい体制や価値観を大切にした。日米安保には反対し、資本主義より社会主義を目指した。憲法との関係でいえば、保守は憲法改正を唱え、革新は憲法擁護を主張した。

こうした保革の対立の構造は、60年代の高度成長を経て日本が経済的に豊かになるにつれて、その姿を変えていった。まず革新の側が、高度成長から取り残された弱者をどう救うか、福祉の充実や成長がもたらした環境破壊へどのような対策を取るかを訴えた。これに対し保守の側は、経済成長をさらに進める一方で、革新が求める社会保障の充実も取り込み、政権を握っている利点を活かして実現を図っていく。

80年代、保守側は社会保障の拡大で逼迫《ひっぱく》した財政を立て直すため、市場重視の「新保守主義」的な政策を掲げる。しかし、革新側は対抗策を示せず、広く国民の間に保守への回帰を招いた。

90年代、ソ連の崩壊で冷戦が終わり、資本主義対社会主義の図式が崩れると、日本でも保守と革新という枠組みはぼやけた。非自民連立政権の細川内閣の誕生で「55年体制」が幕を下ろしたことも、そうした傾向に拍車をかけた。

自民党と民主党による二大政党制が進むなか、保守・革新はすっかり過去のものになっていった。

カネと票を交換する社会的ネットワーク

次に「社会的ネットワーク」を説明する。

社会で生きる人は、さまざまなネットワークにかかわって暮らしている。それは会社や業界組織だったり、地域のコミュニティーであったり、市民団体であったり、趣味のグループであったり、それこそ多種多様である。そうした組織を通して、人々はサービスや利益を手にし、安心して楽しく生活することができるのである。

選挙になれば、こうした人と人がつながる組織を使って、特定の政党や候補者への支持や投票への依頼が行われることがある。別な言葉でいえば、社会的ネットワークが利益の提供と、支持調達のツールとして働くのである。

こうした社会に張りめぐらされたネットワークをうまく使ったのが自民党だった。政府を構成する与党の立場を利用し、自民党につながる人たちにふんだんに利益を与え、その見返りとして党に対する支持、具体的には選挙で票を得ていたのである。俗にいう、「カネと票の交換」である。

揺らぐ政党支持モデル

政党支持の現状を見るとき明らかなのは、「保革対立」と「社会的ネットワーク」の双方が、ともに機能しなくなっている点だ。

保革の対立は先述のように、冷戦の終結と「55年体制」の終焉《しゅうえん》が重なった90年代以降、一気に崩れた。革新の代表だった社会党が衰退したことが大きい。

実際、国民の多くも、そう感じているようだ。先の朝日新聞の政治意識調査では、「保守」「革新」に対して有権者がどんなイメージをもつかを聞いている。それによると、「保守」「革新」とも「イメージがない」と答える人が半数にのぼり、政治的な立場を説明する際の物差しとして、「保守―革新」という言葉が「適切ではない」という人も6割近くに達している。「保革対立モデル」の命脈は尽きつつあるといえる。

「社会的ネットワーク」はどうだろう。バブル崩壊後の不況のなか、市場をより活性化させるため、規制緩和などの改革が次々と進められた。これまでおいしい目を見てきた人たち――官僚、業界、各種団体など――に、庶民が厳しい目を向けるようになった。戦後、営々と積み上げられてきた既得権益はじわじわと崩れ、小泉内閣が進めた構造改革で崩壊が加速した。特定郵便局の解体を狙った郵政改革は、まさにその象徴であった。公共事業の削減で建設業界も往年の力を失っていった。

保革に代わる新しい対立軸の不在や社会的ネットワークの解体にともない、政党支持の有り様そのものが曖昧《あいまい》で、とらえどころのないものになっているのである。別の言い方をするなら、政党支持がリアリティー（現実感）を失っている。政権交代が現実味をもって語られる一方で、政党がリアリティーをもてないという矛盾……。

にもかかわらず、世論調査は毎回、これまでと同じように支持政党の質問を繰り返している。そこで得られる政党支持率にはどんな意味があるのだろう。次に世論調査と政党支持についてて考えてみよう。

支持政党は聞き方で変化する

政党支持は目には見えない。世論調査で何らかの方法で計測するしかない。投票という外に表れる行動と違って人の心の内に潜《ひそ》むものだけに、どうやってそれを引き出すかの工夫が必要だ。

前出の世論調査の権威、林知己夫氏は、世論調査が出す政党支持率について次のように述べている。

——ある調査である政党の支持率が五五パーセントと出ると、本当に五五パーセントの人が支持していると受けとる。しかし本当はこの五五パーセントという数字は、世間の人々のかなりの部分、まあ半数以上が支持しているようであるという指標にしか過ぎない。質問の仕方を変えればまた別の数字が出てくるかもしれないのである。

極端にいえば、質問の仕方によってさまざまな数字が出てくる。そのうちのどれが本当かというとわからない。こういう聞き方をしたらこういう数字が出、また別の質問の仕方ではこういう結果が出た、という〝動き〟が大切なのである——。（傍線は筆者。林知己夫『調査の科学』講談社ブルーバックス）

大胆・明快な物言いである。「どれが本当かというとわからない」とは、林氏以外にいえない台詞《せりふ》だろう。

それでも調査にかかわる人は、どうにかして「真」の政党支持をすくい出そうと、試行錯誤を重ねてきた。ここからしばらくは、その歴史をたどってみたい。政党支持を考える一助になると思うからである。

「支持する」か「好き」か

朝日新聞が1946年3月の世論調査で初めて政党支持を聞いたとき、質問の仕方はいたってシンプルだった。

——どの政党を支持されますか。

の一問である。数ヵ月後、世論調査（朝日新聞が初めて紙面化した世論調査。46年8月5日掲載）でも政党支持率を聞いているが、このときは質問の仕方が違う。

——もし近く総選挙があるとすれば、どの政党を支持しますか。

総選挙という条件をつけ、将来の投票行動を想像してもらったうえで、支持したい政党を挙げてもらうという形をとった。

その後、政党支持率の質問はしばらく確定せず、揺れ動いた。その頃の質問文の形を大きく分けると、

①「どの政党が好きか」「どの政党を支持するか」という、調査時点の支持態度を聞いているもの。

②「もし総選挙があれば、どの政党に投票しますか」「近く総選挙があれば、どの政党に投票するか」など、仮想の選挙の投票行動を聞く形で、その人の支持態度を知ろうというもの。

の2パターンになる。当時の報告書を紐解《ひもと》くと、①②ともに一長一短の面があったという。

①の「支持するか」という聞き方は、政党支持を直接聞いていてわかりやすいが、マイナス面として、「支持するか」が、当時としてはいささか堅苦しい言葉である点が指摘されている。また「どの政党が好きか」という聞き方については、わかりやすく、耳に馴染《なじ》みのある話し言葉ではあるものの、「好き」を「支持」と読み替えることにはいささか無理があるのではないかとされている。

②の「総選挙があれば、どの政党に投票しますか」は、選挙を想定したうえで、投票したい政党を聞くことにより、支持態度を知るという手の込んだ方法だが直接、支持政党を聞くのではないことで、かえって回答者は答えやすいと分析されている。半面、日常生活に即してどの政党を支持しているかを知りたいという調査の目的に照らしてみると、選挙について

の態度を通じることには、薄物を隔《へだ》てて体を見るもどかしさがあるともされている。

こうした紆余曲折を経て、朝日新聞は53年1月に、政党支持の聞き方を決める。第1段階で「あなたはどの政党が一番好きですか」と聞いたうえで、この質問で政党名を挙げなかった人だけに限って第2段階として、「好き、嫌いは別として、次の政党（政党名を列挙する）のうちからどれか一つを選ぶとすればどれにしますか」と、政党を選んでもらう朝日方式である。第1段階を「強い支持」、第2段階を「支持色（弱い支持）」とし、この2つを足して政党支持としたのである。2段階に分けたのは、回答しない人をできるだけ減らそうという狙いがあった。

あくまで選挙ではない日常生活における政党支持にこだわった。第1段階の聞き方で「支持する政党」ではなく「好きな政党」を選んだ背景には、育った環境、政治への関心、学歴などが、いまよりもずっと多様であった社会で世論調査をするにあたり、できるだけわかりやすく、平易な文言で質問をしたいという思いがあったようだ。政党支持という、人の心の奥底に潜む意識をすくい上げるための苦心がしのばれる。

2000年、ついに質問形式変更

この朝日方式の政党支持質問は、その後、約半世紀間続いたが、2000年7月、ついに

変わる。変更後の質問文は、

――あなたはいま、どの政党を支持していますか。

46年の初調査の質問文に先祖返りした形だ。

なぜ質問の仕方を変えたのか。その理由について、朝日新聞は00年7月8日付朝刊で次のように記した。

――90年代に電話調査を導入し、質問を手短にするため、第1問だけで政党支持率とすることに変更しました。面接も含めて1問で支持率とするからには、質問文も「支持」を使うのが明快なのですが、過去の支持率データと比較できるかといった面から、慎重に検討してきました。

今回から変更に踏み切ったのは、①「好き」と「支持」の両方を質問した試行調査で、率の違いは小さかった、②注目度が増してきた無党派層は、「好きな政党なし」層より「支持政党なし」層を中心とするほうが適切だ、③政党の離合集散が重なり、支持率の過去比較の意味が薄れてきた、などの理由からです――。

90年になり、世論調査の主流は徐々に面接法から電話調査に移っていった。面接法では手間ではない2段階の政党支持質問だが、カードを使って政党名を示すことができない電話調査では、技術的に不可能だ。そのため電話調査では、「好きな政党」で名前が挙がった比率を政党支持率とし、「支持色」の質問はしていなかった。

電話調査が急増した橋本内閣の頃、96年には「強い支持」と「支持色」を足し合わせた面接法の政党支持率と、「強い支持」だけの電話調査の政党支持率が併存する時期がしばらく続いた。当時の紙面を見ると、「朝日新聞の政党支持率は電話と面接で調査方法が異なる」としたうえで、「電話による支持率は面接より低く出る傾向がある」と説明している。

しかし、政党支持率が2種類あるという誤解は避けられない。そのため、96年11月27日付朝刊に面接調査による政党支持率を「強い支持」だけにするとの「おことわり」を出した。政党支持率から「支持色」が消えた。

そうこうするうちに、「好きな政党」を政党支持に言い換えてよいのかという点が問われ始めた。

「好き」と「支持」は違うのではないか。他のマスメディアはみな「どの政党を支持するか」と聞いている。どうして朝日新聞だけが「好きな政党」なのか。かつては「堅苦しい」といわれた「政党を支持する」という言葉もすっかり国民に定着しているではないか——というわけだ。

とはいえ、「好きな政党」で聞いてきた結果は、半世紀以上にわたって営々と積み重ねてきたデータである。質問文を変えることでそうしたデータが使えなくなると困る。世論調査の生命線は過去データとの比較だからだ。そこで変更に際しては、「好きな政党は」と尋ねるのと、「支持する政党は」と聞くのとで回答傾向に違いがあるかを徹底的に調べ、さほど差異はないと確認したうえで、変更に踏み切ったのである。

当時、筆者もこの議論に加わったが、その経緯と概略は以上のようなものだった。

さて、ここで注目するべきは、紙面に掲げられた変更理由の②と③である。無党派層の増大と既存の政党支持の融解。すなわち、政党支持の実態の変化こそが、質問変更を促《うなが》す触媒だったのである。

この点について詳しく述べよう。

政党支持が崩れた90年代

非自民連立政権の成立で「55年体制」が幕を下ろした93年以降、政党秩序の混乱ぶりはすさまじかった。日本新党（92年5月発足）を嚆矢《こうし》とした新党ブーム。新党さきがけ、新生党、新進党、社会民主党（社民党）、民主党、民政党、保守党などが生まれた。いまとなってみれば、すでに消えた政党の名前を挙げるのも、たどった道を思い出すのも、かなり苦労がいる。

政党の変動は、世論調査をする側にとってもなかなか負担だった。調査のたびに政党支持質問の選択肢が変わるので、選択肢の準備からしてひと仕事。惰性で調査をしていた感もある「55年体制」の頃とは大いに様変わりした。

有権者の政党支持の様相も大きく変わった。図3は「55年体制」がスタートした1955年から福田康夫内閣までの政党支持率を示したものである。煩雑《はんざつ》になるのを避けるため、便宜上、自民党と社会党（社民党）、民主党の支持率に限った。ここでいう支持率は2000年6月までは「好きな政党は」で聞いた比率（いわゆる「強い支持」）、それ以後は「支持する政党は」で聞いた比率である。

自民党の支持率が好調だったのは、鈴木、中曾根、竹下の各内閣が政権を担《にな》った80年代で、ほぼ一貫して40～50％を維持している。自民党政治の安定期といっていいかもしれない。支持率が不振だったのは石油ショックやロッキード事件に見舞われた70年代半ば。消費税の導入やリクルート事件などで揺れた89年も落ち込んでいる。

90年代以降、自民党の支持率は乱高下するようになった。とりわけ、非自民連立の細川内閣誕生以降は、往年の党勢を取り戻せないまま、20～40％という広い範囲で上下動を繰り返している。

一方、社会党は55年の右派と左派の統一直後こそ、自民党に迫る支持率を獲得していたが、その後はじりじりと支持率を下げた。86年に土井たか子委員長が就任することで低落傾向に歯止めをかけ、自民党が支持率を落とした89年には30％近くまで伸ばして参院選に大勝をしたが、90年代になって再び低迷。村山富市委員長が自民、社民、新党さきがけ3党の連立政権の首相になっても、支持率は上向かず、昔日《せきじつ》の面影はもはやない。

社民党、新党さきがけなどの議員らが96年に結成した民主党は、一桁の支持率からスタート。自由党など他党と合併するなどして勢力を膨《ふく》らませ、支持率も10％台、20％台と着実に高まり、ときに自民党と並ぶほどになった。

概括していえるのは、自民党、社会党といった「老舗《しにせ》」からの客離れと、民主党という「新規参入者」の集客力のアップだ。とりわけ、社会党（社民党）の没落は目を覆《おお》わんばかりだ。有権者の政党支持意識は「55年体制」から完全に決別している。

さらに、90年代の政党支持意識の変化で最も大きいのは、政党を支持しない人、無党派層の増加であった。しかも、この時期に増えた無党派層は、それ以前の政治に無関心な無党派ではなく、政治に強い関心をもつ無党派だ。政党を支持する人以上に政治や政党のことを切実に考えている人たちであり、無党派という新たな「政党支持グループ」ができたといっても過言ではない。そして選挙の際には、その動向が非常に注目されるようになったのである。

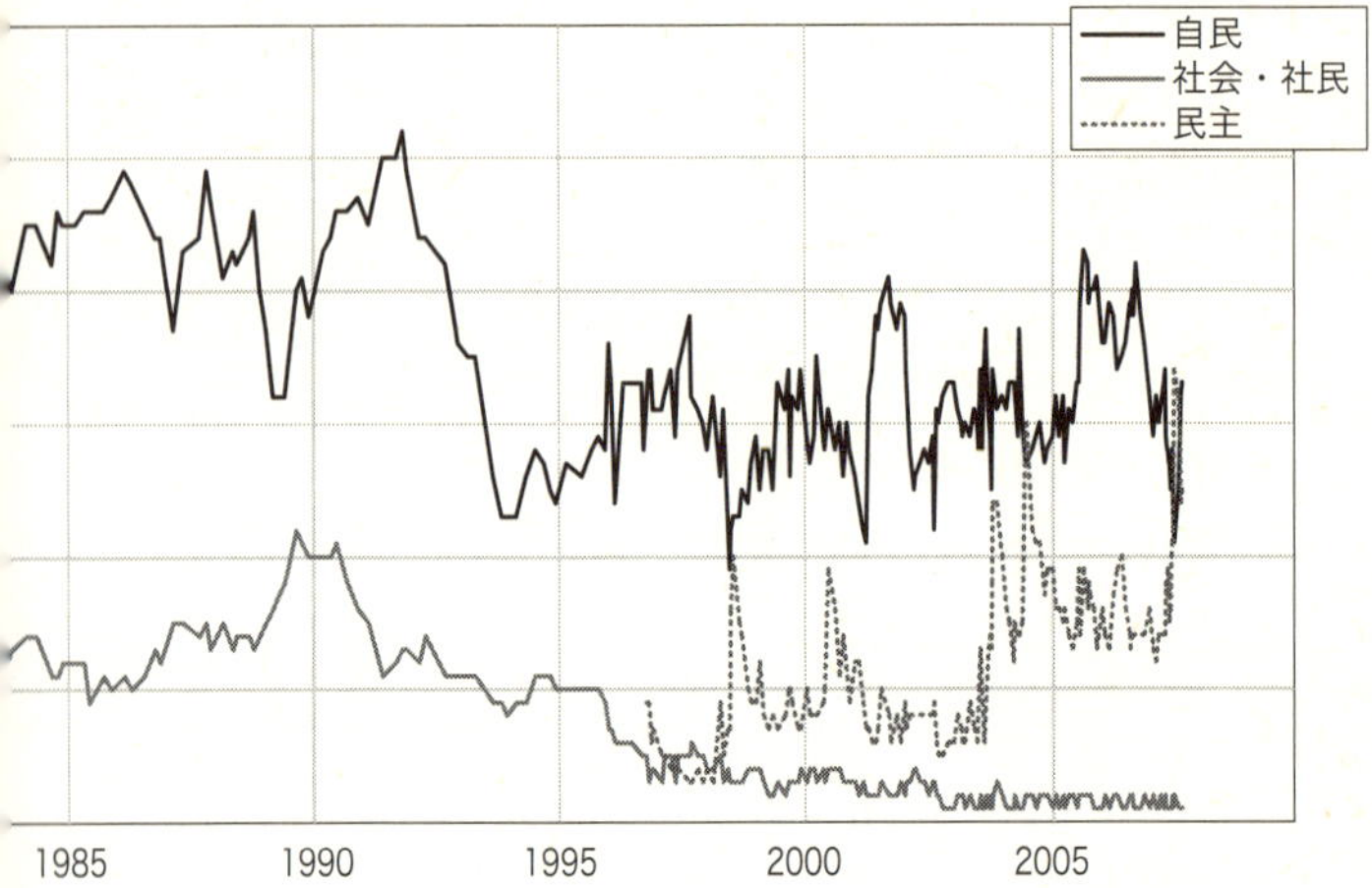

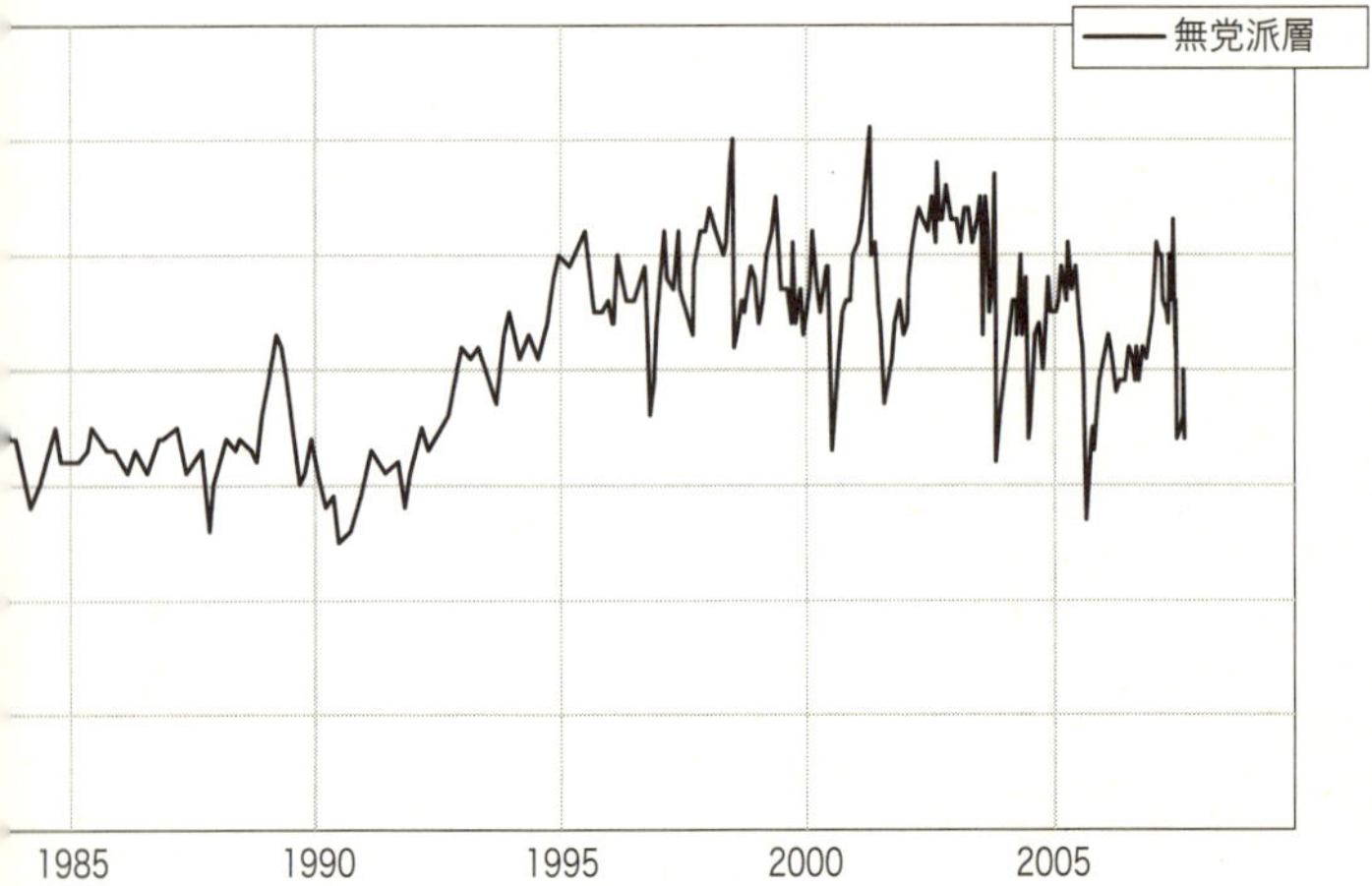

2001年３月までは面接調査と選挙人名簿抽出の電話調査。01年４月以降はRDD（朝日新聞）

図3　政党支持の推移

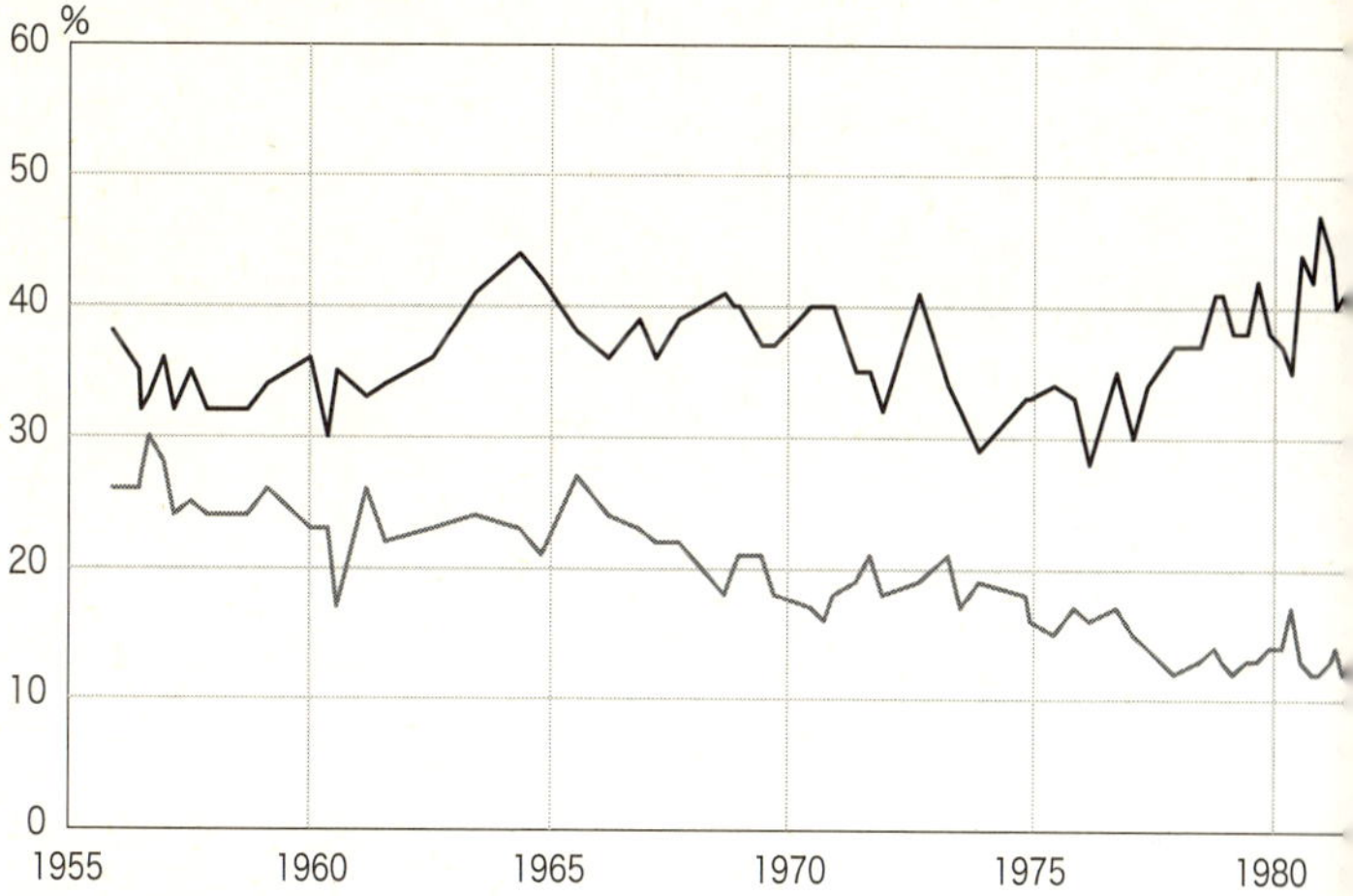

図4　無党派層の推移

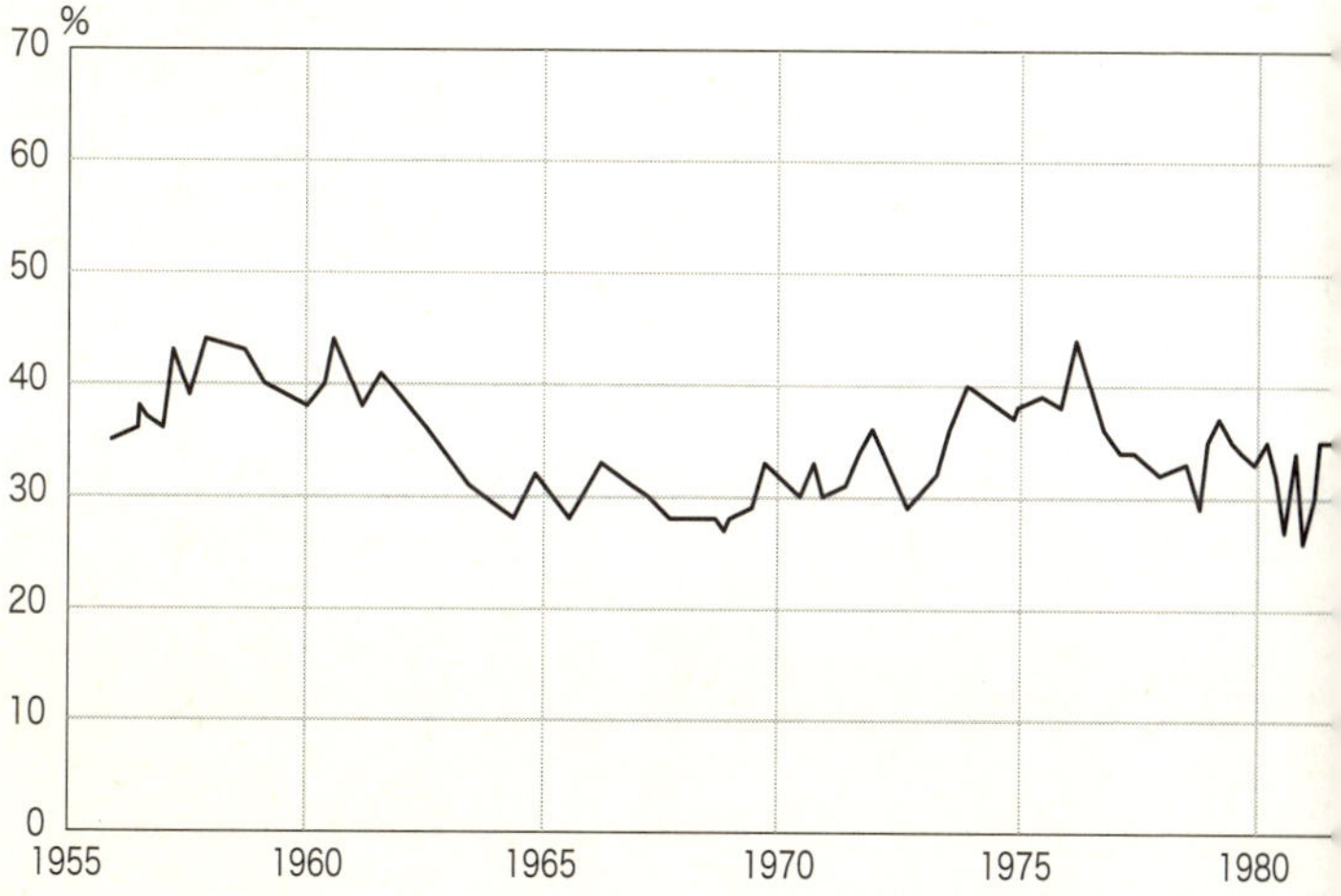

無党派層が最大勢力に

朝日新聞では政党支持の質問で「支持政党がない」（2000年6月までは「好きな政党がない」）と答えた人と「その他・答えない」を合わせた人を無党派層としている。図4は、この定義による無党派層の動向を55年以降について記したものだ。

50年代は30〜40％で推移、60年代に30％前後とやや減少するものの、ロッキード事件で政界が揺れた70年代前半に30〜40％と微増し、その後は自民党が復調した80年代にかけてほぼ一貫して30％台で上下していた。それが、93年頃から一気に増加。東京都で青島幸男知事、大阪府で横山ノック知事が誕生し、無党派層の反乱といわれた95年4月の統一地方選後には52％と半数を超えた。いったん膨れ上がった無党派層は、その後も大きくは減らず、ときに60％に達した。

90年代の無党派層の増大は、政党側の事情で繰り返された合従連衡《がっしょうれんこう》に有権者が愛想を尽かしたことや、政党の乱立でどの政党がどんな政策を掲げているかがわからなくなったこと、などの要因が重なっての結果だったのだろう。いずれにせよ、有権者の政党離れに反比例するように無党派層が膨らみ、最大勢力となっていく。

政党支持は実際に存在する政党に対する態度なので明快であるのに対し、無党派層はどこか曖昧である。それゆえマスメディア各社の定義も微妙に異なっている。

読売新聞や毎日新聞は「支持政党なし」という人だけを無党派層に分類している。また日経新聞は、政党支持質問で政党を挙げなかった人を対象に好きな政党を尋ね、そこでも政党名を答えなかった「好意政党なし」を無党派層としている。いずれも朝日新聞とは異なる。

ちなみに選挙関係者のなかには、政党を支持する人以外を無党派層とするのではなく、自分を積極的に無党派層であると考える人に注目する向きもある。そういう「積極的無党派」には、ある種の共通した政治意識があって、その動向を把握、分析することが投票予想に役立つと経験則で知っているからである。

「平時」と「選挙時」に質問形式を変えてみる

自民党の支持が往年の勢いを失い、新興の民主党の支持がじわじわと増える一方、政治に関心をもちながら特定の政党を支持しない無党派層が政治的に無視できない存在になっている。

「保革対立」や「社会的ネットワーク」が崩れるなか、私たちは政党支持をどう見ればよいのか。世論調査で人々の心に潜《ひそ》む政党支持を正しくつかまえられているのか。有権者は何を頼りに支持する政党を決めればよいのか。

民主党の鳩山由紀夫幹事長は世論調査に造詣《ぞうけい》が深い。東京大学で計数工学を専攻した理系ということもあるかもしれない。個人事務所の執務室には林知己夫氏の著作が並べられていた。鳩山氏は民主党の政党支持率について、次のように語る。

——民主党は、平時には自民党の7割の支持率を維持していれば、国政選挙で勝てる——。

支持率は選挙を占うメルクマールだといわれてきた。単純に考えれば、支持率の高い政党のほうが、低い政党よりも多くの議席を得るとしたものだろう。それなのに鳩山氏は、ふだんの民主党は自民党の7掛けの支持率があればよいというのである。

鳩山氏にこう言わしめるのは、これまでの実績である。事実、民主党の支持率は選挙が近づくと上昇し、それなりの議席を獲得したのである。

政党支持率には、「平時」モードと「選挙時」モードがあるのではないか。

これは政党に2つの顔があることを思い出せば得心できる。政党がいっそう目立つのは選挙のときだが、なにも政党は選挙のためにだけあるのではない。有権者の利害や得失、意向や要求を集約して政策を作ったり、有権者に政治に関する情報を提供したり、国会での審議を通じて法律を作ったり、といった大切な仕事がある。そうした日々の活動を見て、有権者が政党にエールを送ることもあるだろう。これが「平時」の支持である。

一方、選挙が近づくと、その政党に勝たせたいとか、総選挙であれば、どの政党に政権をとらせたいかということで、いずれかの政党を応援する度合いが強まるのではないか。これが「選挙時（戦時）」の支持である。

感覚的にいえば、「平時」の支持がどちらかというとソフトで曖昧《あいまい》なのに対し、「戦時」の支持は、もっとハードで直截《ちょくせつ》的な感じがする。

とすれば、政党支持率を「戦時」と「平時」に分けて調べてみるというのも一策かもしれない。

選挙が近づき、「戦時」の支持率が知りたいときは、ふだんの「どの政党を支持していますか」といったような質問ではなく、「いま投票するとしたら、どの政党に投票しますか」という質問をして、その回答を「戦時」の政党支持とみなし、きちんと分析してはどうか。

実をいうと、こうした質問はこれまでもたびたび行われており、麻生首相による衆議院の解散・総選挙が取り沙汰されたこの秋にも、マスメディアは「いま投票するとしたら」という質問を繰り返していた。

要は、その結果を単に自民党がリード、民主党がリードと見るだけでなく、自民党に入れると答えた人、民主党に入れると答えた人について、性別、年代別、地域別などで詳しく分析すべきなのである（政党支持について行うように）。さらに、どの政党に入れるか決めていない人についても解析するのである。そのほうが、こと選挙に関しては有意義な情報を得られるのではないだろうか。

一方、「平時」の政党支持の聞き方にも工夫の余地があろう。

かつて、面接調査の頃は、「強い支持」と並んで「支持色（弱い支持）」を調べる質問があったと先に書いた。電話調査の方法上の制約から、「支持色」は聞かなくなってしまったが、これを復活はできないだろうか。政党支持の流動化から、曖昧で、ぼんやりした支持が多いであろういまこそ、「支持色」を分析したら面白い気がしてならない。

電話調査では面接のような回答カードは使えないので、同じ聞き方はできないが、知恵を絞れば、なんとかなりはしないか。たとえば、政党支持を挙げない人に、「支持までしないけれど、あえていえば好きな政党はどこですか」といった質問はできないだろうか。

自民党と社会党が対立していた頃と比べ、政党間の対立軸がぼやけ、政党の垣根が低くなったといわれるいま、支持する政党を一つに絞る必要はないという見方もできる。そこで、オーソドックスに政党支持を聞く質問に加えて、「それとは別に、好感をもつ政党があれば挙げてください」という質問をしても楽しそうだ。これもいわゆる「弱い支持」をつかむ仕掛けである。

逆からのアプローチもできないか。つまり、「支持したくない政党を挙げてください」と拒否政党を聞き、支持する可能性のある政党を把握するのである。

実はこのような質問は、先の政治意識調査でも試みた。

一つは、支持政党を答えた人に「いま挙げた政党とは別に、好感をもつ政党があれば、いくつでも○をつけてください」と聞いた。なんらかの好感政党を挙げた人は6割にのぼり、なかでも民主党の好感度が高かった。

もう一つは、「支持したくない政党があれば、いくつでも○をつけてください」と拒否政党をズバリと聞いた。名前が多く挙がったのは共産党、公明党。拒否度が低いのは民主党という結果になった。

政党が揺らぎ、有権者の支持もまた、流動化しているいまこそ、これまでの形にとらわれない発想豊かな政党支持質問にチャレンジし、有権者の政党意識を多角的に探ってみるべきだと思う。

政治家にとってみれば、その結果が政治行動の参考になるかもしれない。学者にすれば、より深く斬新な政治意識分析ができるかもしれない。何より有権者にとっては刺激的な自己分析になり、投票などの政治行動を決めるよりどころになるかもしれない。

挑戦してみる価値は十分にありそうだ。

新たな「指標」を探し求めて

もちろん、これまで延々と調べてきた従来の政党支持率に意味がない、などというつもりは毛頭ない。本書で繰り返し述べているように、世論調査では、同様の質問を重ねることで得られたデータこそが重要だからだ。

たしかに、「あなたは、いま、どの政党を支持していますか」や「あなたは、どの政党が一番好きですか」という質問で聞いてきた政党支持には、多様な心理的要因が入り交じっている。

どうしてその政党を支持するのかを尋ねれば、選挙でいつも投票しているから／自分たちの利益を代表してくれるから／主張が好きだから／その政党の政治家に個人的な知り合いがいるから／いつもそう答えているから——など、いろいろな答えが返ってくるに違いない。政党支持率は、そんな諸々の支持のあり方の総体としてできあがっている。「純粋」ではなく、すぐれて「不純な」ものなのである。

だが、この「不純な」政党支持率が、自民党であれ、社会党であれ、民主党であれ、各政党の消長をありありと示してきたのもまた、真実である。政党に対する有権者の大まかな「気分」をわれわれが知り得たのは、世論調査が愚直に積み重ねてきた政党支持率があってこそである。

ただ、くどいようだが、政党支持率の中身は時代の流れとともに明らかに変わってきている。自民党一党支配の時代から二大政党制へ。政党支持率を新しい目で見つめる時期ではないか。戦後日本では、一度も起きていない選挙による政権交代も、ひょっとしたらという段階まできている。いまこそ、政治家が、そして有権者が政治を考える際の有効な資料となるために、従来の政党支持率を補い、それを超える新たな「指標」を作る——。

それが今後の課題だろう。

第五章　選挙情勢調査の舞台裏

選挙は予測できるのか

2008年9月、麻生内閣が誕生し、衆議院の解散・総選挙が一気に現実味を帯びてきた。民主党と政権選択を争う選挙として有権者の関心も高い。

衆議院の総選挙や参議院の通常選挙の前になると、ほとんどの新聞は今度の選挙ではどの政党や候補者が勝ちそうか、大胆に予想し、大々的に報じる。読者のみなさんもきっとそうした記事を目にしたことが何度かあるだろう。

新聞社は八卦見《はっけみ》ではないから、記事は科学的な根拠によって書かれている。ここで根拠とされているのが選挙情勢調査だ。いわば世論調査の特別バージョンである。

まだ投票も終わっていないのに、調査をするだけで結果を見通すことができるのか、疑問に思う人は少なくないだろう。何を隠そう筆者自身、世論調査の仕事に本格的にかかわるまで、選挙情勢調査とそれに基づく議席数予測を、どこか摩訶不思議な手品のように見ていた。

ただ、この手品、知ってみれば、なかなか精妙なタネがある。そこで本章では、この情勢調査について、ぎりぎり明かしてもよい範囲まで語ってみよう。

読者にとって、「な〜んだ」だろうか。それとも「すごい！」だろうか。

まずは、なぜ選挙の情勢調査をするのか、からはじめよう。

生半可でない規模の大きさ、緊張感

数ある世論調査のなかで、規模の大きさ、緊張感の強さで群を抜いているのは選挙情勢調査に違いない。とりわけ、衆議院総選挙や参議院選挙という国政選挙に際して行われる調査のスケールは、通常の世論調査をはるかに凌駕《りょうが》する。

百聞は一見に如《し》かず。実例に即して見てみよう。

ここでは2005年秋に小泉純一郎首相が断行した郵政解散・総選挙を取り上げる。このときの総選挙は文字通り「想定外」の事態で、筆者も含め、世論調査の担当者はみな、夏休みの予定をすべてキャンセルして対応することになった。

発端は7月5日だった。小泉首相が政権の命運をかけた郵政民営化法案は衆議院で可決されたものの、自民党内から予想以上の議員が反対に回り、棄権したため、賛成と反対の票差はわずか5票しかなかった。郵政民営化への自民党内の不満は大きい。参議院では自民党議員の造反で、法案が否決されるかもしれない。その場合、小泉首相は衆議院の解散に打って出る――。そんなムードが永田町を覆《おお》った。

朝日新聞では万が一の事態に備え、すぐさま情勢調査の準備を開始。委託先の調査会社に調査員の募集や調査会場の手配などを依頼した。参議院で法案がつつがなく通れば、準備は無駄になり、多額のキャンセル料を払わなければならなくなる。そんなリスクを抱えながらも準備に取りかかったのは、調査の規模が生半可ではないからに尽きる。

サンプル数、なんと12万人

総選挙では全国300の小選挙区のすべてで調査をしなければならない。このときは1選挙区あたりの回答目標を400人に設定したので、目標サンプルは300×400＝12万人。通常の2000人目標の世論調査の60倍という多さである。RDDのためのコンピューターによる電話番号の作成、その番号が使われているかどうかの確認も膨大になった。

これだけの規模だと調査は一気にできない。300選挙区を150選挙区ずつの2グループに分け、それぞれ2日間かけて実施することにした。通常調査では1ヵ所ですむ電話をかける調査会場は全国で20ヵ所近くに及び、費用も通常調査の比ではない。あれやこれやで、「事態の帰趨《きすう》を見極めてから」などと悠長に構えている余裕はとてもなかったのである。

300選挙区について、立候補者の顔触れや、事前の下馬評も調べなくてはならない。この選挙では郵政民営化に反対する議員への対抗馬として、予想外の「刺客」が立候補した選挙区も多く、情勢を探るのも一筋縄ではいかない。さらに、どのタイミングで調査を実施し、いつ、どんな形で紙面にするのかも決めなければいけない。いま振り返ってみても、時間はあっという間に過ぎていったように思う。

万が一は現実となり、8月8日に参議院は郵政法案を否決。小泉首相はただちに衆議院を解散し、同月30日に総選挙が公示された。9月11日の投票日を前に、情勢調査は無事行われ、新聞紙面を飾った。もちろん他のマスメディアもこぞって調査を行い、結果を報じた。

選挙予測で世論調査の信頼度が試される

これだけ多大な手間と労力をつぎ込んでまで、メディアはどうして選挙情勢調査をするのだろうか。表向きの、そしてもっとも重要な理由は、有権者に選挙に関する情報を提供することである。

だが、もう一つの、そして調査をする側からするとより重要な理由は、通常の世論調査の品質を確認するという点にある。つまり、どれだけ正確に選挙結果を予想できるかによって、その社が手がける世論調査の信頼度が試されるのである。

選挙情勢調査でしくじれば、ふだんの世論調査も信憑性《しんぴょうせい》が疑われる。選挙情勢調査は世論調査の「品質表示」の役割を果たしている。

メディアは世論調査をして、「いま、世論はこんなふうに見ている」と報じる。しかし、その調査が正しく世論をとらえているのか、検証する術《すべ》はない。世論の実態を目にすることは、誰にもできないからだ。

その点、選挙情勢調査は違う。調査に基づいて予測した数字が当たっているか、外れているかは、実際の選挙結果と比べてみると一目瞭然だ。議席予測がどんぴしゃり当たっていれば、調査の精度はかなりよいといっていい。そして、そのような精度の高い調査ができる機関であれば、通常の世論調査も正しい世論をつかんでいると見なしてよいはずである。

「推計」こそ調査の秘中の秘

選挙情勢調査は世論調査の特別バージョンである、と先に書いた。多少くどくなるが、この「特別バージョン」という意味について説明しておきたい。

ふだんの世論調査は調査で得られた数字そのものを分析する。内閣支持率が○△%だとか、ある政策に賛成する人が□▽%いるとかいえば、有権者のうちそれだけの人が内閣を支持していたり、政策に賛成している、ということを意味する。

これに対し選挙情勢調査では、調査で得られた数字そのものは報道されない。調査時点（たとえば投票日の1週間前）の結果をもとに投票日の得票を予想するから、その間の変化を予想して加工が施される。いわゆる「推計」をするのである。

改めていうまでもないが、「推計」は「カン」によるのではない。投票日の1週間前にこれぐらいの調査結果だった候補者が、実際にはどれぐらいの票を得たかなどの過去データをもとに、どこまでも科学的に予測する。どのように「推計」するかは、それこそ各メディアの「秘中の秘」であり、推計担当者はこの日のために日々、研鑽《けんさん》を積んでいる。選挙予想が当たるか当たらないかは、ひとえに「推計」がうまくいくかどうかにかかっている。

読者のみなさんは当然、「秘中の秘」の中身が知りたくてうずうずするだろう。そのすべてを明かすことはできないが、ここでは、その一つ、推計得票率を求める方法を簡単に説明しよう。

いうまでもなく、情勢調査の中核は「誰に投票するか」という質問だ。まず、そこで名前を挙げられた回答を合計して100とし、それぞれの候補者を挙げた回答の比率を出す。これを調査支持率という。「推計」は、この調査支持率をもとに行われる。

「推計」にはさまざまな手法があるが、代表的なものは「3次曲線」の活用だ。過去の選挙を分析すると、選挙における得票率と事前の調査支持率との間に、「3次曲線」の関係があることがわかってきた（図5）。調査支持率が高ければ、実際の選挙得票率はそれよりも低くなり、調査支持率が低ければ、選挙得票率はそれより高めに出る傾向が見られたのである。この関係を利用して「推計」するわけだ。

図5　選挙得票率と調査支持率の3次曲線

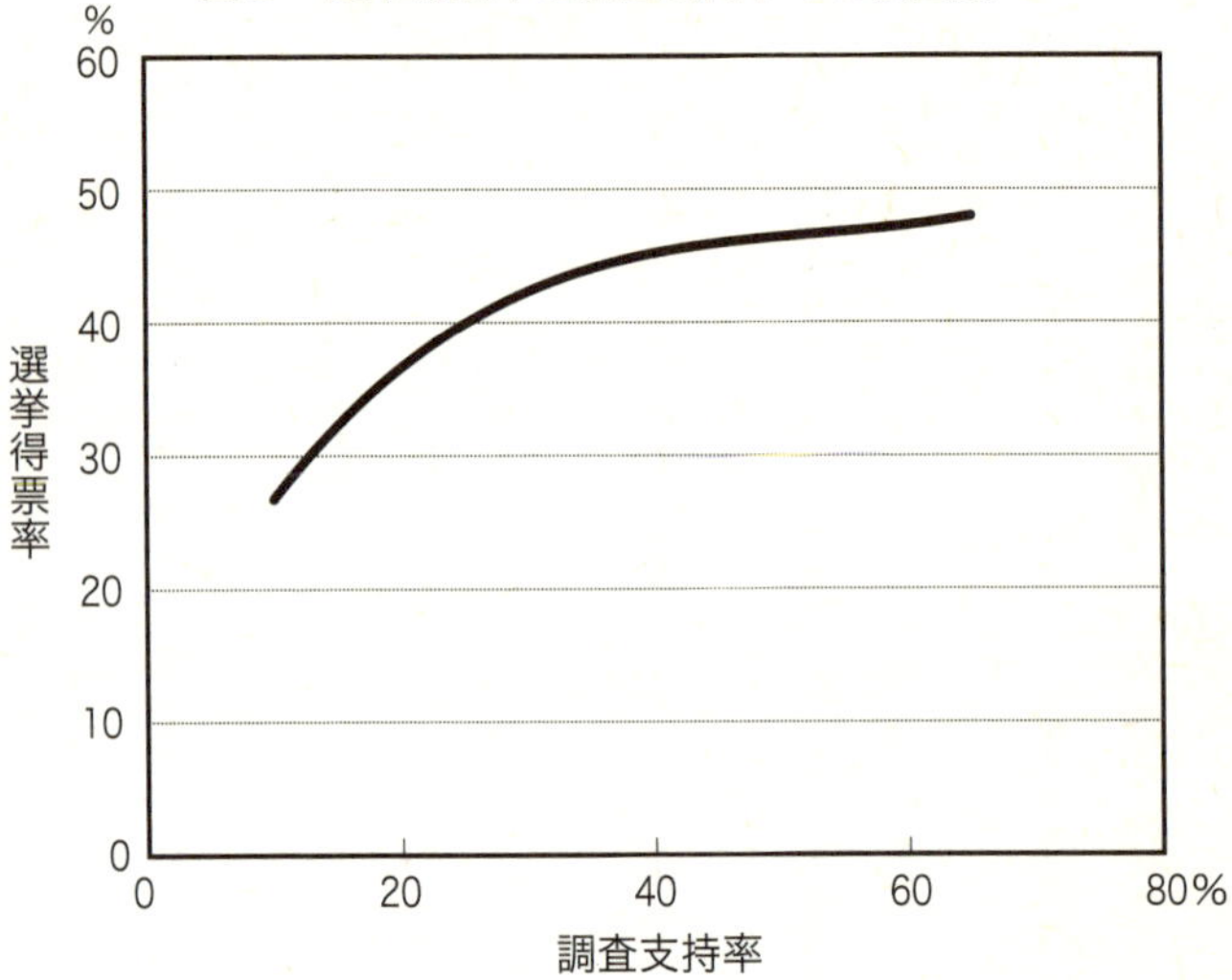

具体的にいうと、まず、調査をした選挙と情勢が似た過去の選挙を参考に、調査支持率と得票率を橋渡しする3次曲線を求め、そこに調査支持率を代入して、未来の得票率を予測する。さらに、所属政党、議員歴などの要因を勘案して推計得票率を出して順位を決め、その候補者がどれぐらいの確率で当選するかの「当選確率」を算出する。「当選確率」が高いほど、その候補者が当選する公算は大きいといえる。

ここでいう「当選確率」とは、その確率をもつ候補者を複数集めると、そのうち当選するものの割合がその確率に近くなるという数字のことである。仮に当選確率が0・9という人を集めて10人にすれば9人が当選する。そうした候補者が50人いれば、50人×0・9＝45人が当選するということで、当選確率0・9の人自身が9割の確率で当選するという意味ではない。

候補者の選挙区における強弱は、当選確率の順で判断する。政党ごとの当選者数は、この当選確率を全国で積み上げて出す。

もちろん当選確率の出し方には、この「3次曲線」以外にもさまざまな方法がある。それらの方法こそが、本当の「秘中の秘」なのである。

選挙情勢調査がふだんの世論調査と違う「特別」なものであること、情勢調査の命が「推計」にあることは理解してもらえたと思う。しかし、ここで忘れてはならないのは、もとになる調査の生の数字が実態をとらえていなければ、いくら精緻な「推計」をしても当落は正しく占えないということだ。そこで、選挙情勢をピタリと当てられる機関であれば、世論調査の品質もまた保証されるという理屈が立つのである。

情勢調査スタートのきっかけ

有権者が選挙に関心をもつのは、選挙情勢調査報道を目にしてからだというデータがある。いまやすっかり選挙の「風物詩」となった感がある情勢調査だが、いったい、いつごろから始まったのか。その歩みを概観してみよう。

全国規模の情勢調査が日本で初めて行われたのは、1955年2月の衆議院総選挙である。実施したのは朝日新聞。「55年体制」より前で、まだ自民党もできていない時代のことだ。

それまでも選挙区を選んで情勢調査を実施することはあった。しかし、選挙取材の基本は、警察からの情報や地元の「選挙通」といわれる人の票読みなどを、記者がこつこつと足を使って集めることにあり、調査は副次的なものであった。

それが55年の衆院選で全国的な選挙情勢調査に踏み切ったのはなぜか。

長期にわたって政権を担当した吉田茂内閣の退陣を受け、54年12月に発足した鳩山一郎内閣は再軍備を進めるため憲法改正を公約に掲げていた（麻生太郎首相、鳩山由紀夫・邦夫兄弟の祖父の時代の話である）。憲法改正には、衆参両院で改憲派が3分の2以上の議席を占める必要がある。そのため、衆院選で各党がどれだけの議席を得るかが世間の注目を集めていた。

そんななか、当時の広岡知男・朝日新聞東京本社編集局長は「選挙情勢をもっと数量的にとらえられないか」と要望した。経済部出身らしい合理的な一言で、全国規模の情勢調査の話が一気に進んだのだという。

しかし、さすがに全118選挙区で調査するだけの力量は、まだなかった。そこで1県につき1選挙区程度で調査することで、全体の当選者数を弾き出す方針を決め、全国49選挙区で調査を実施した。結果は、「いちおうの成果を収めた」（56年版『朝日年鑑』）とされた。

朝日新聞はその後も国政選挙のたびに選挙情勢調査を続ける。そして、60年の衆院選で選挙情勢調査の基本形を作り上げたのだった。

他のメディアはどうか。毎日新聞が62年7月の参院選で初めて選挙情勢調査を実施している。このときは20の激戦区を対象としたが、翌63年11月の衆院選からは全国調査に踏み切った。読売新聞もこの衆院選で情勢調査に初めて挑戦。参院選は68年から、衆院選は76年から、本格的に調査をするようになった。通信社やＮＨＫも相次いで実施した。

メディア各社が国政選挙で選挙予想を競う光景が、次第に一般的になっていった。

79年総選挙で大外れ

軌道に乗ったかに見えた選挙情勢調査だが、79年の衆院選で大きくつまずいた。初めての試練であった。

東京サミット（主要先進国首脳会議）を無難に乗り切った大平正芳首相は同年秋、満を持して衆議院を解散。選挙の目的に財政再建、そのための一般消費税の導入を挙げた。

朝日新聞はそれまでと同様、選挙戦の終盤で情勢調査を実施し、「自民党安定多数に見通し」との記事を掲載した。毎日、読売、サンケイ（現・産経）の各紙も「自民党の安定多数」の見通しを報じた。いずれも自民党が優位との見立てだった。

ところが、10月7日の選挙の結果は、自民党が定数５１１議席の半数にも届かない２４８議席にとどまり、安定多数はおろか、逆風だったロッキード事件後の76年衆院選の２４９議席すらも割る敗北を喫したのだ。事前の予想は申し開きのしようもない大外れである。メディアの選挙情勢調査はそろって、その信頼性を問われたのである。

この深刻な事態を、メディア各社は重く受け止めた。選挙後、調査の失敗を率直に認め、謝罪した。予想が外れた原因についてもあれこれ分析がなされた。

投票日は東日本を中心に天候が荒れ模様で、投票率が下がったことが影響したのではないか。ロッキード事件や自民党の内部抗争で有権者の政治意識が変わり、従来の予想方式では対応しきれなくなっているのではないか――。さまざまな仮説が立てられ、対策が考えられた。

80年代、メディアは調査の精度向上に向け、研究を深めた。その結果、選挙のたびに新たな課題は出つつも、とりあえず大外れはしない安定期が続いた。

90年代になり、政治の世界が激変する。自民党の分裂と下野《げや》で「55年体制」が終わる。新党が乱立し、衆議院の選挙制度が、長年続いてきた中選挙区制から小選挙区制に変わった。

そうしたなか、選挙情勢調査も足元が揺さぶられる。いうまでもないことだが、選挙予測が頼りにするのは過去のデータである。選挙制度や政党の枠組みが変わると、その大事な過去データが実情にそぐわなくなる。

いつか予想が外れるのではないか——。その不安は98年、現実のものとなる。

橋本退陣の参院選でまたも大外れ

98年7月、参院選を前に橋本内閣の支持率はじりじりと下がっていた。自民党の支持率もかんばしくなかった。

にもかかわらず、朝日新聞が投票日（12日）の1週間前の選挙情勢調査をもとに弾き出した予測は、自民党は議席の伸びこそ期待できないものの、それほど大きくは落ち込まないだろう、というものだった。毎日、読売、産経といった他メディアの予想も似たり寄ったりだった。

ところが、投票の結果、自民党は歴史的な惨敗を喫し、橋本首相はその日のうちに退陣を表明した。79年衆院選と同じく、メディア各社の予想はすべて大外れとなった。

当時、筆者は世論調査室に来たばかりだった。投票日の夕方、会社に着くやいなや上司から「出口調査によると、自民党が各地でさんざんな状況で、大敗は決定的なようだ。事前の予想とはまったく違うよ」とささやかれ、驚いたのを覚えている。

予想が外れた理由についてさまざまな議論があったが、投票の数日前に橋本首相の減税をめぐる発言が迷走したことで有権者が自民党に幻滅し、1週間前の「世論」が大きく変化をした、というのが通説のようになっている。

さらに、

――調査手法として採用した電話番号帳に頼る電話調査では、番号非掲載者にアクセスできず、自民党に批判的と見られる集団からの回答がごっそり落ちたのではないか。

――90年代半ば以降の政党の消長の激しさから、過去のデータに頼る「推計」がうまくいかなくなったのではないか。

などの指摘もあった。

21世紀になり、信頼を取り戻す

世論調査の受難の道はなお続いた。

森喜朗内閣のもとでの2000年衆院選。朝日新聞をはじめとするメディア各社の事前予測は、自民党が優勢で多数の議席を獲得するというものだったが、実際には自民党が選挙前の議席を大幅に減らし、半数割れするという敗北を喫した。メディアの選挙情勢調査はまたしても外れた。

ようやく立て直せたのは01年参院選だ。小泉純一郎内閣が4月に発足。その人気を背景に自民党は追い風を受ける形で選挙を迎えた。朝日新聞の選挙情勢調査は自民党に勢いがあると分析し、「自民、公明、保守の与党で過半数確保の勢い」と報じた。他メディアもほぼ同様のトーンであった。果たして選挙結果は自民党が改選数を上回り、与党全体で半数を大幅に超える議席を得た。メディアの予想は久しぶりに的中したのだった。

その後、03年11月衆院選、04年7月参院選、07年7月参院選では、メディア各社の情勢調査は大勢を外していない。21世紀になって再び安定期に入ったといえる。

唯一の例外は郵政選挙

唯一の例外は05年9月の郵政解散・総選挙である。ほとんどのメディアは小泉・自民党の大勝を予想しきれなかった。
まずはこのときの朝日新聞の2つの紙面を比べてみる。一つは投票日9月11日の1週間前の4日付朝刊。選挙情勢調査の記事で、
——自民優勢　過半数の勢い　与党で安定多数も
との見出しがついている。

もう一つは投票日翌日の12日付朝刊。見出しは、

——自民圧勝　２９６議席　与党３２７　衆院の２／３超す
だった。

情勢調査記事は、たしかに自民党や与党に勢いがあることは伝えていた。しかし、３００議席近くを獲得する圧勝までは踏み込めていない。予想が当たったとはとてもいいがたい。だが、実をいうと予想はかなり惜しいところまで迫っていたのである。言い訳との誹《そし》りを覚悟のうえで楽屋裏を話そう。

「推計」をする際、世論調査セクションのメンバーは「推計」担当者を中心に、３００選挙区の調査データを一つずつチェックし、候補者の当選確率を判断する会議を延々と続ける。このときは筆者も会議に連なり、各選挙区の結果を確認していった。

自民党の候補者は、ほとんどの選挙区で勢いがあった。全体で自民党はどれぐらい議席をとるのだろう。会議の途中から気になって仕方がなかった。

全選挙区の個別の検討が終わり、各党の獲得議席を合計する段となった。先述したように「推計」といってもいくつかのやり方がある。そのうち、あるパターンによると、自民党が２８０議席近くまでいくかもしれないという推計結果が示された。私も含めてメンバーに驚きの表情が浮かんだ。

――いくらなんでもまさかそこまでは。

全国の総局から寄せられた情報。政治部の情報。取材に基づく情報。そんな足で稼いだ情報と照らし合わせると、あまりに多すぎるように見えた。

議論の末、自民党の獲得議席をより少なく予想した「推計」方式が選ばれ、それに基づいて記事を書いた。その結果、選挙結果から大きく乖離《かいり》してしまったのである。

読売新聞や毎日新聞、日経新聞など他社も自民党の議席を実際より少なく見積もっていたが、同様の葛藤があったのではないだろうか。そんななか、産経新聞だけは「自公300議席うかがう」と打った。「大胆だな」と思ったが、結果的にもっとも近い予想になった。

終わりなき情勢調査の品質磨き

話を元に戻す。この半世紀間、成功と挫折を繰り返しながら、正確な予測を求めて続いてきた選挙情勢調査だが、今後の見通しはどうだろうか。

政党の離合集散が相次いだ90年代と比べ、2000年以降、政治状況がやや落ち着きを見せている。自民党、民主党の二大政党が定着し、選挙予測に不可欠な過去の選挙データが着実に蓄積されているのは好材料だ。21世紀になって情勢調査が大きく外れていない理由には、そうした背景もあるのだろう。

調査法も安定してきた。選挙情勢調査は現在、ＲＤＤで行われている。以前は面接法で実施していたが、衆議院に３００小選挙区が導入されたことやコストの関係から、90年代半ばに電話調査に移行。さらに21世紀になってＲＤＤを使うようになった。

ＲＤＤは固定電話を使わない20代、30代の若い世代の回答を得られない欠点があるが、選挙に関する限り、若年層はもともと投票に行く人が少なく、調査で回答が得られなくてもさほどの影響はない。いましばらくはＲＤＤでいけるというのが関係者の見立てである。

ただ、現在の20代、30代の年齢が上がり、投票所に足を運ぶようになったとき、ＲＤＤのままでいいのか。また、新たな政界再編が起こり、せっかく蓄積してきた政党データが使えなくなったときにはどうするのか。

そうなれば、ＲＤＤ以外の調査法、たとえばインターネットの活用なども考えられるかもしれない。過去の政党データに頼りすぎない新たな「推計」の手法の開発も必要になるだろう。

選挙情勢調査の改革に終わりはないのである。そしてそれが、ふだんの世論調査の品質を維持することにもつながっていくのである。

情勢調査のアナウンスメント効果とは

選挙情勢調査の役割は、言うまでもなく、有権者に選挙に関する情報を提供することである。それでは、選挙で審判される側の政治家は、この調査をどう見ているのだろう。

よく耳にするのは、

「事前の予想記事では優勢と書かれたくない。陣営が緩《ゆる》むからだ。『あと一歩で当選』という書かれ方が、陣営が締まって一番いい」

という政治家の発言だ。情勢調査は選挙に影響を与えているものなのだろうか。

選挙情勢調査について、選挙に影響を与えるので望ましくないという声がある。海外では、投票日近くの情勢調査が制限されている国もある。

日本でも1992年5月、自民党が「投票終了までの一定期間、党派の消長や候補者の当落予想に関する報道・評論」を「有権者に予断を与え、投票行動に影響する」として禁止する案を出したことがある。新聞各社はいっせいに反対を表明、野党からも反対・慎重論が出て、規制は見送りになった。

それでも自民党は諦めきれなかったようで、93年3月に再度、マスメディアの選挙予測報道の自粛を盛り込んだ公職選挙法の改正案を国会に提出した。マスメディアの強い反対を受け、最終的には自粛を求める項目は削除されたが、自民党の政治家に予測報道への被害者意識が強いことが浮き彫りになった。

思えば当時は、細川内閣が誕生する93年夏の政変の前で、自民党を見る目が厳しくなっていた頃にあたる。それだけに、同党も神経質になっていたのかもしれない。

時が下って99年、またまた自民党が選挙に関する調査に嚙みついた。問題視されたのは、石原慎太郎氏が立候補した東京都知事選。告示直前に無所属で立候補した石原氏が人気を集め、自民党・公明党の推す明石康・元国連事務次長は苦戦を強いられていた。

一部の新聞が、石原氏の優勢、明石氏の劣勢を調査の数字を挙げて報道したことに対し、自民党は「有権者の判断を誘導する」として規制を求めた。しかし、与野党ともに規制には慎重姿勢が強く、石原都知事が誕生すると、いつしかこの件は忘れられていった。

政治家が情勢調査を問題視するのは、いわゆるアナウンスメント効果への懸念《けねん》からだ。事前に勝ちそう、負けそうと書かれることで、有権者の投票行動に影響が出るというのである。

ただし、このアナウンスメント効果については、「ある」という意見と「ない」という意見の両論がある。

「ない」とする根拠はこうだ。選挙の予測報道が有権者に与える影響には2通り考えられる。勝ち馬に乗ろうとする「バンドワゴン効果」と、劣勢のほうを応援する「判官びいき」である。その人の個性、信条によって、どちらの行動を取るかが決まり、全体として見れば、互いに相殺しあうという。

「ある」という意見にも、それなりに説得力がある。有権者が選挙の予測報道をもとに投票をする——たとえば自分の一票を「死に票」にしないため、当選しそうな2番目に好きな候補者に入れる——などのケースが考えられるからだ。そもそも選挙情勢調査は、有権者の投票の参考にしてもらうために行っているわけで、アナウンスメント効果はあると考えるほうが自然ともいえる。

アナウンスメント効果の「ある、なし」は、いずれきちんと調べてみたいテーマではある。しかし、本音をいうと、政治家にはそんなことでじたばたしてもらいたくない気もする。メディアでいかなる選挙予測を報じられても、それを巧みに利用して、選挙で勝利を収めてこそ、いざというときに頼りになるしたたかな政治家だと思うからである。

最近の選挙で流行りの出口調査

最近、選挙に際して選挙情勢調査以上に人目を引く調査に「出口調査」がある。

投票日当日の夜、テレビ各社が大々的に繰り広げる選挙特別番組の冒頭で、派手な演出と

ともに各党の予想獲得議席数が画面に躍り、

「○○党は大躍進。××党は歴史的惨敗！」

とキャスターが告げる場面を目にしたことがある人は少なくないだろう。そのもとになる調査が「出口調査」である。

テレビだけではない。新聞でも「出口調査」に基づき、

——自民支持者は自民党に投票をしたのか。

——無党派層はどの政党の候補者に一票を投じたのか。

など、有権者の投票行動が分析される。まさに選挙報道になくてはならない存在となった「出口調査」だが、いったいどういう調査なのだろう。

簡単にいえば、

——選挙の投票者を母集団として、メディアが行う、投票行動に関する標本調査。

である。世論調査の変形版といっていい。

具体的には、投票をすませて投票所を出てきた有権者から無作為に対象者を選び、どの候補者、政党に投票したかを調べる。投票所の出口で調査するため、「出口調査」と呼ばれる。

2003年の公職選挙法改正で期日前投票制度が導入され、以前の「不在者投票」より手

続きが簡便になったことから、近年、投票日より前に投票をすませる有権者が増えている。「出口調査」も投票日だけでは不十分となり、メディア各社は期日前投票の「出口調査」でもしのぎを削るようになった。

アメリカでは60年代から州単位や全国規模の選挙で出口調査が広まっていったが、日本では90年前後から行われるようになった。先行したのは選挙結果をいち早く報じたいテレビで、その後、新聞各社も追随した。

ちなみに朝日新聞が本格的に取り組んだのは、98年の参院選。その前から主要都市では試験的に行っていたが、初めて全国で実施した。投票時間が午後6時までから8時まで延長され、翌日の朝刊作成の時間が短くなったことから、取材現場に対して選挙当日の生のデータがほしいという要望が強まったことが後押しをした。

「出口調査」は、いまや選挙にとって不可欠のツールになった。朝日新聞の場合、衆院選では全300選挙区すべてで実施、総サンプル数が54万に達する「巨大調査」となっている。

課題もある。データに出口調査ならではのバイアス（偏《かたよ》り）が見られる点だ。政党によって回答が実際より少なめに出たり、多めに出たりする傾向があるのだという。投票したことを口にしやすい政党と、しにくい政党があるのだろう。追い風を受けている候補者や政党に回答が集まりがちとの指摘もある。自分は流行にのっているという高揚感をもつ人が「出口調査」に協力的に応じているのかもしれない。調査結果を扱うに際しては、これらのバイアスをどう見積もって、実情に適合したものに修正していくかが大切だ。

調査データが漏出するという問題もある。投票日の午前中にその時点の出口調査の結果が候補者の陣営に伝わり、負けていた側の陣営がテコ入れを図ったというケースがあった。選挙の公正さという面からは由々しき事態だが、どうやら出口調査データの流出はあるらしい。まったく困ったことである。

再び、選挙は予測できるのか

選挙情勢調査についてざっと説明をしてきた。興味をもっていただけただろうか。人はとかく未来のことを知りたがるものだ。明日は晴れるか、雨なのか。今年のプロ野球はどのチームが優勝するだろうか。経済の先行きはどうなるのか。ダービーの優勝馬は――。

未来を知りたいという気持ちは、人間の性《さが》だ。選挙についても、事前に結果を予想したいという気持ちは、政治家のみならず有権者にもある。

「55年体制」が崩れ、政治が激変するなか、選挙予測も迷走した90年代後半。「選挙予測は限界。廃止も一案」という声がないではなかった。だが、そうした声が出るたびに、選挙前に世論の動向を報道することは、有権者の選挙への関心を高めるうえで重要であるし、何より世論調査の質を保つために不可欠だと、世論調査に携わる人たちは逆風に耐え、正しい予測を目指して歯を食いしばってがんばってきた。

いまの情勢調査があるのは、その成果だといえるだろう。

やはり選挙情勢調査は当たらなければダメなのだ。正しい調査結果を示して初めて、有権者に対する有意義な情報になるわけだし、当てるために技量を磨くことが通常の世論調査のスキルアップにつながる。いい加減な調査は、それこそ選挙妨害といわれかねず、調査機関としては自らを苛《さいな》む行為にほかならない。

未来を占うことには、責任を伴うのである。

第六章　世論調査にどこまで信をおくべきか

世論調査の正と負のスパイラル

「新聞やテレビには、世論調査を発表する日を毎月1日とか決めてもらいたかったですね。調査結果が毎週、五月雨《さみだれ》式に出てくるのはたまらなかった」

安倍内閣で広報担当の首相補佐官を務めた世耕弘成氏にとって、当時、最大の悩みの種は、マスメディア各社がこれでもかと発表する内閣支持率だった。どういうことか。

新聞やテレビは、いまやほぼ毎月、支持率調査をして結果を発表する。週末に行うことが多いが、各社で日を決めているわけではないから、週ごとにいくつかの社による内閣支持率が発表される。

各社で支持率の絶対値（支持率○□%という数字そのもの）は微妙にずれるが、支持の傾向（前月より下がったとか、上がったとか）はたいていの場合、同じことが多い。とすると、どういうことになるか。

仮に内閣の支持率が下降傾向にあれば、週明けごとに支持率が下がったというニュースが繰り返される。それを見たり聞いたりする有権者は、支持率が毎週、下がり続けている印象を受ける。

おまけに、調査をしたマスメディアは、その日の官房長官会見で支持率の受け止め方を質問し、官房長官の答えがまたニュースになる。世論調査の影響力が増幅されていく。支持率が上昇しているときは正のスパイラルでいいが、逆に下降していると負のスパイラルとなる。

小泉内閣は前者、安倍内閣は後者だった。

世論調査が生んだ内閣

小泉内閣で政治における世論調査の存在が一気に大きくなった。小泉氏が首相になる経緯が、それを象徴的に示す。

01年の自民党総裁選は当初、最大派閥に属する橋本龍太郎氏の優位が揺るがないと見られていた。それが永田町の常識であった。ところがマスメディアが実施した世論調査は、小泉人気の意外なまでの高さを示す。

それでも過去の自民党なら、派閥の論理が優先し、「党内」世論に沿う形で橋本首相が誕生していただろう。

しかし、このとき自民党員は、慣れ親しんだ「党内」世論ではなく「国民」世論に従う形で、小泉氏に命運を託した。まさに、「日本国民1億2000万人の支持を背景」（飯島勲氏）にして、自民党の「変人」といわれた小泉氏が、3度目の挑戦にして念願の首相の座に駆け上がるという、予想外の事態が生じたのだった。

その後、小泉首相は、各種の世論調査が弾き出す前例のない高い支持率を武器に、5年5ヵ月に及ぶ長期政権を維持した。

この間、表に出たもの、出ないもの、実にさまざまな世論調査が、マスメディア、政府、政党などの手で行われ、それらの結果が現実の政治に影響を与えるようになった。世論調査政治ともいうべき状況が生まれたのである。

政治家による世論との向き合い方の相違

こうした状況を当の政治家はどう見ているのだろう。

ある議員はこう言う。

「世論調査は最大限、重視します。たとえばガソリン税の暫定税率。世論調査では多数が『暫定税率はやめるべきだ』と答える。政治家はとかく道路こそが政治の中心であり、暫定税率は必要だと考えがちなので、『本当かな』と思う。ところが地元を歩くと調査の通り。選挙区での集会は、世論調査の結果を確認して歩いているようなものです」

世論調査を気にはしているが、その結果に無条件には従わない議員もいる。

「世論調査を参考にはするけど、闇雲に従うというわけではない。ガソリン税の暫定税率について、自分の考えと異なり引き下げの声が多いとなれば、維持に理解を得られるよう、ことさら丁寧に説明をするようにする。もともと自分の支持者なので、きちんと説明をすると反論や異論が出ることはほとんどない。ただ、自分の支持者ではない人たち、無党派の人たちの考えを知るには世論調査しかないので、結果は常に気になりますね」

世論調査より支持者の声が大切という議員も少なくない。

「地元の支持者の声を聞いて、できるだけ中央の政治に反映させようと思っている。以前、教育基本法改正と憲法改正について支援者の意見を聞いたことがあった。教育基本法は支持者の多くが『改正をするべきだ』という意見なので、私も迷うことなく改正賛成でいった。しかし、憲法改正に関しては後ろ向きな意見が多かったので、私も慎重姿勢をとった。私にとって世論とは支持者の声です」

世論調査との向き合い方は議員によってさまざまだ。

3通りの「世論」

その昔、大学で政治学者の京極純一氏の講義を聴いた。教科書として使われた『日本の政治』（1983年、東京大学出版会）は、世論を次のように説明していた。

――政治ジャーナリズムの舞台である新聞は、世論について、「新聞が世論である」と定義する。しかし、有権者を第一起動力とする議会政治のもとで、世論を新聞紙面に独占されてしまえば、選挙によって任職された議会政治家の主導性が脅《おびや》かされる。そこで、議会政治家は、選挙区で聞く有権者の生の声を基礎に、新聞論調と異なる、その折々の「世論」を紹介する。（中略）全国有権者の生の声を統計学的に正確に把握する努力が、標本調査法を利用した質問――回答型の世論調査である。その集計結果として発表される、数字になった「世論」は、その質問に関する「国民投票」の近似的代用品という性格をもつ。そして、これら三通りの「世論」が必ずしも一致しないことは周知の通りである――。

この分析は、いまも十分に通用する。

新聞は社説で「世の中の意見はこうだ」と主張する。政治家は選挙区を歩いて支持者の声を聞き、それこそが「民意」だという。世論調査については、改めていうまでもない。

この3通りの「世論」が必ずしも一致しないというのもまた、その通りである。ただ、子《し》細《さい》に見ると事情はかなり変化している。

まず、新聞について見てみよう。

オピニオンリーダーとしての新聞の影響力の低下がいわれるようになって久しい。政治の世界では新聞よりもテレビの存在感が増し、テレポリティクス（テレビ政治）がいい意味でも悪い意味でも、国民に定着した。政治についての知識や情報をどのメディアから主に得ているかと世論調査で聞いてみると、テレビが新聞をしのぐ。「新聞が世論である」というよりも、「テレビが世論である」という時代になりつつあるのかもしれない。

支持者の声はどうか。

民主主義の政治家にとって活動の基盤である支持者の意見は、何より大切にするべきものだ。選挙区で日々、普通に暮らす人たちと接し、望むことを肌感覚で知ることは、政治家として不可欠だ。ただ、その政治家に共感して集まった支持者の声をもって「世論である」とまでいうのは、やはり無理がある。特定の政党や政治家を支持しない無党派層が最大勢力になっているいまは、なおさらである。

世論調査はどうか。

無党派層の増大は、有権者意識をつかみにくいものにした。政党支持が明確なら、その人がどういう政治意識をもっているか、ある程度、予想できる。ところが、無党派層だと政治意識を類推するのが難しい。世論調査をして調べてみるしかない。加えて、選挙の勝ち負けが最大の関心事である政治家にすれば、勝つためには後援会などの「身内」を固めるだけでは足らず、無党派層の心を知るため、もっといえば選挙に勝てるかどうかを知るために、世論調査に頼る度合いが強まっている。

3つの「世論」のなかでは、どうやら世論調査による世論の把握が切実になっているようだ。

世論調査はバーチャル選挙

『日本の政治』の先の引用文に、

――(世論調査は)「国民投票」の近似的代用品という性格をもつ――。

とあった。これはどういうことか。

民主主義の国の政治の主役は有権者、国民だ。とはいえ、日々忙しい人たちがいつも政治や政策のことを考えているわけにはいかない。そこで議員を代表として政治の場に送り出し、政治をしてもらっている。これがいわゆる間接民主制である。

間接民主制のもとで有権者が力を発揮するのは、もちろん選挙だ。政治に不満があれば、有権者は政府・与党に厳しい審判を下す。しかし、選挙は手間や時間がかかる。気軽にできるという代物ではない。

そこで選挙の代わりに世論調査が使われる。政治や政策に有権者は賛成なのか、反対なのか。世論調査で測ってみようというわけである。国民投票の近似的代用品というのはそういうことだ。バーチャルな選挙といってもいいだろう。

とはいえ、世論調査はあくまで代用品である。有権者が本来は選挙で示すべき政治に対する思いを世論調査で表明することによって、気がすんでしまっては困る。世論調査でいくら政府に厳しい数字が出ても、しょせんは調査であり、政府の対応を変えられるかどうか、保証の限りではない。

国論を二分するような政治状況になったときには、きちんと選挙をして国民の信を問うべきであることはいうまでもない。

民主政治の「ご本尊」なのか

民主政治の主役は普通の人たち。そういう人たちの意見、すなわち世論は大切にされなければならない。いわば「世論」は、民主政治の「ご本尊」、奉《たてまつ》るべきモノとして存在している。問題は、ここでいう世論がどういう「世論」なのかである。

事実上、世論調査で示された「数字」が「世論」とされている現在、この「世論」を民主主義のご本尊とまで奉るのは、いくらなんでもやりすぎだ。いつ調査をするか、どう質問するかによって、「数字」はいくらでも変わるからだ。

政治の方向を決めたり、政策判断をしたりするのは、政治家、政党である。世論調査の結果としての世論は、大いに参考にされるべきではあるが、それに過度に支配されてはならないだろう。

大切なのは、世論や世論調査との間合いである。

そして、それに気づいている政治家も現れている。

政治家は世論調査で戦略を練る

森喜朗内閣の時代、民主党はあるアメリカのスピンドクター（選挙の候補者や政治家のために情報を操作する広報担当のアドバイザーのこと）と契約を結んだ。関係者は、その人物とは、大統領選でビル・クリントン氏を勝利に導いたといわれる選挙コンサルタントの大物ディック・モリス氏だったと打ち明ける。無党派層を取り込むＰＲを展開するのが狙いだった。

アドバイザー側が最初に提案したのは世論調査だった。調査で有権者の意識や関心のありかを調べ、戦略を練るのである。

民主党にすれば、目から鱗《うろこ》の経験だった。政治家の思い込みとは裏腹な有権者の声が明白に示された。民主党はそれを実際の政治運営、政策に活かしていった。

当時を知る同党議員は言う。

――世論調査には、有権者の意識を探るアンテナの機能がある。重要度はますます増している。内閣や政党の支持率が上がったり、下がったりするのはなぜなのか。何がどういうふうに働いているのか。データを使って有権者の深層心理にいかに入り込めるかが重要だ。ビジネスでは当たり前のマーケティング的な手法だが、政治の世界でもいまや、マーケティングが必要になっている。これから政治は世論調査を使いこなさなくてはいけない――。

小泉首相の首席秘書官だった飯島勲氏も世論調査の効用を知る一人だ。

――世論調査がない政治は怖い。数字が出てこないから。数字はちっとも怖くない。逆に興味をもって分析をすることが必要なのです。8割ぐらいの国会議員は世論調査の数字に振り回されています。世論調査を呑み込む政治が必要です――。

安倍内閣の広報担当補佐官の世耕氏は次のように指摘する。

――世論調査の政治に占める比重が大きくなっている。小泉首相以降、身内でやる政治ではなく、世論を常に意識する政治に転換した。最大の転機は郵政解散。世論をバックにすれば、業界団体とか党内の大きな勢力がいうことを聞かなくても、政策を遂行できるということがクリアになった――。

民主党の鳩山由紀夫氏はこう言う。

――民意を重要視しなければならない政治の世界で、世論調査は大切。もちろん世論調査にも質の差がある。きちんと見極めないといけない。世論調査を分析する能力を高めることが、いままでより強く求められるようになってくる——。

共通するのは、世論調査が政治過程に組み込まれてきているという認識と、世論調査の分析能力、世論リテラシーを身につける必要を痛感している点だ。

世論調査の結果が意に沿わないものであったとき、

「この調査はウソ。質問の仕方が悪い」

と難じて終わりにするのか、それとも、

「調査の中身をよく見ると、表の数字と違う傾向も見えてくる」

として、性別、年代別、職業別、支持政党別などの属性について分析し、その後の政治に活かすのか。

後者のタイプの政治家が断然、イケてると思うのだが、みなさんはどうお思いだろうか。

世論調査の目利きになるために

世論リテラシーが必要なのは政治家だけではない。何より有権者が身につけなければならない素養である。自分たちの声の集積である世論に逆に操られては、それこそ元も子もない。

世論リテラシーを高めるためにはどうすればよいか、筆者なりにいくつか提案してみたい。

第一の提案は、世論調査の数字を多角的に見よ、である。

たとえば、消費税アップに「賛成」40％、「反対」55％という世論調査の結果があったとしよう。普通は、

――消費税アップについて否定的な見方が強い。

と読む。極めて素直な読み方だ。ただ、なかには、

――「賛成」が40％もいる。誰もが反対するであろう増税に、10人のうち4人もが賛成しているのは大変なことだ。消費税アップへの容認論が広がっているのでは。

と、とらえる人もいる。

同じ数字でもそれをどう解釈するかは一色ではない。日頃から多様なニュースに触れて知識を増やし、世論調査の数字を客観的に見る素地を作っておいたほうがいい。マスメディアの言いぶりを鵜呑《うの》みにしないことである。

誤差にも留意しよう。世論調査の数字には誤差が付きもの。「賛成」にせよ、「反対」にせよ、一定の幅がある。誤差が5％程度だとすれば（朝日新聞のＲＤＤ調査では5％程度の誤差があるとされる）、「賛成」が上限45％、「反対」が下限の50％かもしれず、賛否が接近す

る。「だいたいにおいて反対が強い」とはいえるが、調査の数値でそれなりの差があったとしても、実際にそれだけの差があると思い込まないほうがよい。

これまで述べてきたように、世論調査の結果は、質問文の表現、質問の構成、並び順などで変わる。

消費税アップにしても、「消費税を福祉目的に使うという意見があります」などの一文を入れたら、賛否の比率が変わるかもしれない。内閣の失態についてさんざん質問し、否定的な見解を引き出した後で消費税アップについても聞いたら、反対の声が多くなるかもしれない。結果はあくまで「操作的」なものなのだ。無条件に信じるべきではない。

新聞の場合、世論調査の記事には、たいてい質問文も載っているので、質問文やその並び方をチェックしてみると面白いだろう。

「こんな聞き方をしているから消費税アップに賛成が多いのだ」

とか、

「こんな順番で質問しているから反対が多数派なのだ」

などといえるようになったら、立派に世論調査の目利きである。世論担当者からすると、侮《あなど》れない存在だ。

同じ質問を続ける「時系列」質問であれば、過去との変化——トレンド——をチェックすることをお勧めする。

世論調査では、たとえ偏《かたよ》った調査方法でも同じ方法で続けられれば、変化は正しく測定される。いつも同じように「偏っている」からだ。これを統計学の世界で「妥当性は低いが信頼性は高い」という。

同じ質問文で聞いた消費税アップの賛否に関する答えが、1年前は「賛成」40％、「反対」50％で、現在は「賛成」50％、「反対」40％なら、この1年間に消費税アップに「賛成」の人が増えたということは100％確かだ。「時系列」質問のトレンドは、最も信頼できる指標なのである。

第二の提案は、調査方法に注意を払おう、である。

世論調査記事には調査方法が明記されている。面接法なのか、RDD（電話法）なのか、郵送法なのか。どれぐらいの人が答えてくれたか、回答率もわかる。たとえば、朝日新聞は月1回の定例調査で次のような記事を載せている。

――調査方法　○・○の両日、全国の有権者を対象にコンピューターで無作為に電話番号を作る「朝日RDD」方式で調査した。対象者の選び方は無作為3段抽出法。有効回答は×人、回答率は△％。

これで調査の規模（1000人程度か2000人程度なのか）や、どれだけの回答を得られたかがわかる。回答率が50％をクリアできているかどうかは重要なチェックポイントだ。規模が大きい面接調査や郵送調査だと、調査方法の説明ももう少し長くなる。男女比や年代別回答率にまで触れることもある。

調査方法を明示するのは、「いい加減な調査はしていません」という証明だ。調査方法が曖昧《あいまい》にされた世論調査は、眉に唾《つば》をつけて読んだほうがいいかもしれない。世論調査に値しない質の悪い調査の可能性がある。

第三の提案は、複数の世論調査の結果を読み比べよう、だ。

最近、マスメディア各社の世論調査が同じ日に実施され、同じ日に報道されるケースがよくある。インターネットで自分が取っている新聞以外の記事も読める時代である。複数社の世論調査の記事を併読してはどうだろうか。

同じことについて聞いているのに結果が異なることがある。質問の仕方（質問文、質問の構成、質問の順番）が違えば不思議ではない。

同じ質問の仕方をしていても結果がずれる場合もある。一つの理由は調査方法の違い（たとえば、面接法かＲＤＤか）だ。また同じ調査方法でも、対象者の選び方や数が違えば差が出る。検証されたわけではないが、調査の実施主体（どの新聞社、テレビ会社が調査をしているか）によって差が生じている可能性もないではない。

いささか逆説めくが、私はメディア各社の世論調査の結果がズレるのは、いちがいに悪くはないと考えている。「ある方法の、ある質問による、ある結果だけ」から判断するよりも、「さまざまな方法の、いろいろな質問の仕方による、多彩な結果」から判断したほうが、偏った意見をもたずにすむのではないか。

メディアの世論調査の結果が一致したなら、世論はだいたいそちらを向いているのだろうが、調査の結果がバラバラであったら、世論がその問題について成熟した意見をもっていない証左ともいえる。短兵急に世論を決めつけないで、余裕をもって眺めたほうがよいと、筆者は思う。

第四の提案は、調査結果を見るときに、自分ならどう答えるかを考えてみよう、である。世論調査は、ふだんの生活に影響があったり、身近であったり、多くの人に馴染みの深いテーマについて質問していることが多い。その結果を読む読者も、自分なりの意見があるに違いない。

消費税アップに「賛成」40％、「反対」55％という結果も、自分に引きつけて読むと、漫然と読むよりも多くの発見があるだろう。あなたが30代で消費税アップには反対だとする。記事のなかで「反対の意見は若い人ほど少ない」と書いてあれば、「あれっ、私は少数派か」と自問してみるのである。どうして自分は反対なのかまで考えれば、その後、消費税に関する記事の見方が変わるかもしれない。

世論調査を手がかりにして、社会についてより深く考えるのである。

自分が少数派だったときには

ところで、もしも世論調査の結果とあなたの考えが異なったらどうするだろう。あなたは消費税アップに反対なのだが、世論調査では「賛成」が80％で、「反対」は10％しかなかったら——。反対を貫く、それとも賛成に回る？

本書で再三、引用した朝日新聞の政治意識調査では、「世論調査の結果、あなたの意見が少数派であるとわかったら、どうしますか」という質問もした。結果は、

少数派であっても気にしない　67％
多数派に合わせて考えを変える　4％

だった。世論調査に左右されないと考えている人が多かったのである。

世間の目を気にし、流されがちとされる日本人。それなのに10人のうち7人が「自分は世論の大勢に流されることはない」とは……。正直いって、意外だった。

もしも質問文を少しいじって、「世論調査の結果、意見が少数派であるとわかったら、日本人はどうすると思いますか」と聞いていたら、どんな数字が出ただろうか。「少数派であ

っても気にしない」が減るのではないか。日本人の多くは「日本人は大勢に流されやすい国民である」と考えていると思うからだ。

世論調査では、同じテーマであっても「自己イメージ」を聞くのと、「他者イメージ」を聞くのとでは、結果が違ってくるのである。

さて、あなたの答えはどうだろうか。

マスメディアこそ高い世論リテラシーを

話が少々、脱線した。世論リテラシーに戻ろう。

ところで、筆者はマスメディアにこそより高い世論リテラシーが求められると考えている。世論調査政治の時代であればこそ、担《にな》い手であるメディアには、高い能力と見識、倫理感が求められる。思いつきや決めつけ、勝手なこだわりで調査をしてはならない。

これまで述べたことと重複するが、メディアが世論調査を行う際にどういう点に留意するべきか、自分の経験をふまえ、改めてまとめてみたい。

まず、正しい調査時期を選ぶこと。

緊急調査が日常化し、何か政治的な出来事があるたびごとに、すぐに世論調査ができる時代になった。そうなると、いつ調査するかが極めて重要になる。事柄によっては、国民の多くがそのことを知り判断を固めるまで、一定の時間をおいてから質問したほうがいいケースもある。闇雲に急いで調査をすればよいというものではない。

第二に、公平で簡明な質問文を作るよう努めなくてはならない。政治的な意図をもった質問をすることは、世論調査の自殺行為だ。

偏り（バイアス）の出ないような調査の進め方をすることも大切だ。世論調査にバイアスは付きものだが、そうしたバイアスをできるだけ少なくするよう最善を尽くさなければならない。回収率を上げるため、答えてくれやすい人から多く回答を取るというような横着はしてはならない。

読者をミスリードしない分析、記事も肝要だ。正しい結果が得られても、牽強付会《けんきょうふかい》の理屈付けをした記事を書いたりしたら台無しだ。数字には常に謙虚でなければならない。

データを悪用させない管理も必要である。これはとりわけ選挙情勢調査にあてはまる。選挙情勢に関する生のデータがいずれかの陣営だけに流れたことにより、選挙の流れが変わったりしたら由々しき事態だ。

ほかにもいろいろあるが、少なくともここに書かれたことくらいは、世論調査を行うメディアの矜持《きょうじ》として心を配るべきである。

世論を作るのはメディアか政治家か

政治家はよく「マスメディアの世論調査には誘導がある」という。世論は誘導されているのかどうか。朝日新聞の政治意識調査で国民の見方を聞いたところ、次のような結果が出た。

●あなたは世論が誰かに誘導される危険を感じていますか。

大いに感じている　19％
ある程度感じている　49％
あまり感じていない　20％
まったく感じていない　3％

●(「感じている」と答えた人に)では、誰に誘導されると思いますか。いくつでも○をつけてください。

政治家　37％
官僚　23％
財界　24％

マスメディア（新聞・雑誌・テレビ） 77％
テレビのキャスター・コメンテーター 41％
学者や言論人 19％
インターネット 17％
国民の目には触れない実力者 18％

日本人の7割近く（「大いに」19％＋「ある程度」49％＝68％）は世論が誰かに誘導される危険を感じており、誘導されると感じている人に対して誰に誘導されるかを聞くと、8割近くが新聞やテレビなどのマスメディアを挙げ、約4割がテレビのキャスターなどを挙げているのだ。メディアの影響力、とりわけテレビのそれをひしひしと感じている姿が浮かび上がった。

たしかにメディアは、メディア自体が意見を述べるのに加え、オピニオンリーダーに発言の場を提供しており、いい意味でも悪い意味でも巨大な存在だ。メディアはそうした力を自覚し、慎重に行動するべきであろう。

それにしても政治家を挙げる人が4割に満たないのは、あまりに少なくはないだろうか。政治家の世論形成力は、本当にその程度なのだろうか。

世論調査を最大活用する政治家たち

民主党の鳩山由紀夫氏に聞いたことがある。

——世論は誰が作るのでしょう?

「世論はメディアが作るもの。政治家ではない。メディアには強い拡声器のような役割がある。世論の反応をとらえて拡大する機能がある。政治家がメディアを使って世論を操作しているという感じはしない」

——しかし2005年の郵政解散総選挙では、小泉首相にうまく使われたという苦い思いがメディアの側にはあるのですが……。

「小泉さんは天才だ。命をかけて郵政改革を進めると叫び、世論のうねりを作った。でも、これは特異なケース。安倍晋三さんも同じことをやろうとしたが、うまくいかなかった。小泉さんのように天性のものがないと、なかなかできないものだ」

小泉氏には間違いなく世論形成力があった。それを痛感するのは、靖国神社参拝における例だ。

小泉首相は在任中、毎年1度、都合6回、靖国神社を参拝した。他のメディア同様、朝日新聞も靖国参拝について幾度となく世論調査で質問した。

01年7月から06年7月までの10回あまりの調査の結果を見ると、参拝に慎重な意見が強かった。とりわけ小泉首相が終戦記念日の8月15日に参拝する1ヵ月前の06年7月の調査では、

参拝しないほうがよい　57％
参拝するほうがよい　29％

と、否定的な見方が大きく上回っていた。

ところが、である。小泉首相が参拝した直後の8月調査では、

参拝したことはよかった　49％
参拝するべきではなかった　37％

と、肯定的な見方が上回った。わずか1ヵ月で参拝をめぐる評価が一転してしまった。

朝日新聞をはじめとするメディア各社の事前の世論調査で消極論が強かったにもかかわらず、小泉首相は自説を押し通して靖国神社に参拝。結果として世論に認めさせてしまった。政治家が意志と覚悟をもってことにあたれば、「世論」を動かせるのである。

実際、いまや政党や政治家が独自に世論調査を行い、それに基づいて政策判断をしたり、総選挙の時期を決めたりしているご時世である。民意を分析し、世間受けする方向を打ち出すことも可能だ。

有権者たる国民も、マスメディアも、その事実を忘れてはいけないと思う。

情報と知識に裏打ちされた直感で答えてほしい

ところで、世論調査をしていると、難しくて答えられるかなと心配した設問に、回答者が楽々と応じているのにしばしば驚かされる。相互の辻褄の合わない回答にもよく出合った。質問を理解して答えているのだろうか、という疑問をもった経験も少なからずあった。

朝日新聞の政治意識調査によると、世論調査に対し、

直感で答えるほうだ　60％
じっくり考えて答えるほうだ　32％

という回答だった。テンポが早く、矢継ぎ早の判断が求められる現代。世論調査の回答も直感頼りの感覚型になるのもやむを得ないのかもしれない。じっくりと考えていたら、時代に乗り遅れてしまう。

ただ、知識や情報に裏打ちされた直感と、そうしたものがない単なる直感とでは、天と地ほどの開きがある。根っこのない直感型世論が政治を動かすとすれば、それは怖いことである。

新聞、テレビ、雑誌、インターネット……。情報ツールは多様になり、その量も拡大の一

途をたどる。だが、政治に関する知識がどれだけ有権者に届いているのか。いわゆる情報通と無関心な人の間の「情報格差」が気がかりだ。

世論調査に直感で答えるのは致し方ないとして、せめて情報と知識に裏打ちされた直感であってほしい。裏打ちのない直感だけで作られた世論は、感情的に暴走する私情の産物、百害あって一利なしになってしまう。そのためには、日頃から幅広くニュースに触れておくべきだろう。

真価を発揮するのはこれから――

ああだこうだといってはきたが、実は筆者は世論調査が重視される政治は、あながち悪いものではないと思っている。盲信しているわけではない。世論調査政治がかかえる危うさは十分に理解しているつもりだ。それでもなお、悪いものではないといいたいのである。

理由は単純だ。民主政治にとっては、政治を考える材料は多ければ多いほうがよいと思うからである。

かつてある自民党幹事長がこう言ったことがある。

「世論調査が政治を決定すれば、国会議員は自らを貶《おとし》めることになる」

筆者も世論調査によってのみ政治が決められるべきではないと思う。政治家や政党が、世論調査に右往左往するばかりでは、はっきりいってがっかりだ。

　しかし、これからの時代、政治家や政党は世論調査、というか調査が示す世論をないがしろにしてはいけないし、そうでなければ政治が立ち行かなくなると思う。世論調査から民の声を汲《く》み取り、政治に生かしていくのが、民主政治の国の為政者の務めではないか。世論調査の結果が出たとき、それを性別、年代別、地域別などによって冷静に分析し、評価をしたうえで、「だから私はこうする」とか「しかし私はこうしたい」となれば、政治家としての幅も出てこようというものだ。

　有権者の側も、世論調査を通じて世間の動向を把握し、民主政治の主人公として、どういう振る舞いをすればよいのか考えていくべきであろう。

　世論調査の政治的な利用を見抜く目も磨いてほしい。調査結果を都合よく使おうとするのは政治家だけとは限らない。メディアも自分の主張に合うように調査をつまみ食いするかもしれない。役所が行う統計数字の解釈にも、その手のものがないとはいえない。

　世論調査をはじめとする社会調査にはウソが多いという主張をしばしば目にする。一面の真理である。質問の仕方によるバイアス、標本調査に伴う誤差や偏《かたよ》り……。雑音、歪《ゆが》みはいろいろある。

　マスメディアなど世論調査を実施する側も、調査の質を高めるよう務めなければならない。現実の政治をめぐる状況が刻々と変化しているのに、調査をする側が以前と同じような質問を繰り返していては、あまりにも芸がない。内閣支持や政党支持といった定番の質問も、本当にこれまで通りでいいのか。怠けずに頭を働かせ、創意に富んだ聞き方を考え出したい。それで政治の変化の兆しや真相をつかめたら、調査冥利に尽きるではないか。

やはり世論調査は生かすべきものであり、殺してはいけないと思う。

日本の世論調査は、戦後の民主主義国家・日本の誕生とともに生まれた。それから60年余、試行錯誤を繰り返し、ここまできた。その真価を発揮するのは、民主政治が成熟へと向かうこれからだと、筆者は信じている。

年	月	方式	内閣	支持する	支持しない	その他
2007	2	RDD	安倍晋三	37%	40%	23%
2007	3①	RDD	安倍晋三	38%	41%	21%
2007	3②	RDD	安倍晋三	37%	43%	20%
2007	4	RDD	安倍晋三	40%	38%	22%
2007	5①	RDD	安倍晋三	43%	33%	24%
2007	5②	RDD	安倍晋三	44%	36%	20%
2007	5③	RDD	安倍晋三	36%	42%	22%
2007	6①	RDD	安倍晋三	30%	49%	21%
2007	6②	RDD	安倍晋三	34%	48%	18%
2007	6③	RDD	安倍晋三	32%	51%	17%
2007	6④	RDD	安倍晋三	31%	48%	21%
2007	6⑤	RDD	安倍晋三	28%	48%	24%
2007	7①	RDD	安倍晋三	31%	51%	18%
2007	7②	RDD	安倍晋三	30%	55%	15%
2007	7③	RDD	安倍晋三	30%	56%	14%
2007	7④	RDD	安倍晋三	26%	60%	14%
2007	8	RDD	安倍晋三	33%	53%	14%
2007	9	RDD	福田康夫	53%	27%	20%
2007	10	RDD	福田康夫	47%	30%	23%
2007	11	RDD	福田康夫	45%	34%	21%
2007	12①	RDD	福田康夫	44%	36%	20%
2007	12②	RDD	福田康夫	31%	48%	21%
2008	1	RDD	福田康夫	34%	45%	21%
2008	2	RDD	福田康夫	35%	46%	19%
2008	3①	RDD	福田康夫	32%	50%	18%
2008	3②	RDD	福田康夫	31%	53%	16%
2008	4①	RDD	福田康夫	25%	60%	15%
2008	4②	RDD	福田康夫	20%	59%	21%
2008	5	RDD	福田康夫	19%	65%	16%
2008	6	RDD	福田康夫	23%	59%	18%
2008	7	RDD	福田康夫	24%	58%	18%
2008	8①	RDD	福田康夫	24%	55%	21%
2008	8②	RDD	福田康夫	25%	55%	20%
2008	9	RDD	麻生太郎	48%	36%	16%

2008年9月現在まで（朝日新聞）

年	月	方式	内閣	支持する	支持しない	その他
2004	7②	RDD	小泉純一郎	36%	48%	16%
2004	8	RDD	小泉純一郎	39%	43%	18%
2004	9	RDD	小泉純一郎	45%	35%	20%
2004	10	RDD	小泉純一郎	38%	43%	19%
2004	11	RDD	小泉純一郎	39%	43%	18%
2004	12	RDD	小泉純一郎	37%	47%	16%
2005	1	RDD	小泉純一郎	33%	46%	21%
2005	2	RDD	小泉純一郎	41%	41%	18%
2005	3	RDD	小泉純一郎	40%	40%	20%
2005	4①	RDD	小泉純一郎	42%	38%	20%
2005	4②	RDD	小泉純一郎	43%	36%	21%
2005	5	RDD	小泉純一郎	45%	35%	20%
2005	6	RDD	小泉純一郎	43%	39%	18%
2005	7	RDD	小泉純一郎	41%	42%	17%
2005	8①	RDD	小泉純一郎	46%	38%	16%
2005	8②	RDD	小泉純一郎	51%	34%	15%
2005	9	RDD	小泉純一郎	55%	30%	15%
2005	10①	RDD	小泉純一郎	55%	30%	15%
2005	10②	RDD	小泉純一郎	50%	33%	17%
2005	10③	RDD	小泉純一郎	55%	29%	16%
2005	11	RDD	小泉純一郎	53%	32%	15%
2005	12	RDD	小泉純一郎	50%	33%	17%
2006	1	RDD	小泉純一郎	45%	37%	18%
2006	2	RDD	小泉純一郎	43%	41%	16%
2006	3	RDD	小泉純一郎	46%	38%	16%
2006	4	RDD	小泉純一郎	50%	36%	14%
2006	5	RDD	小泉純一郎	45%	39%	16%
2006	6	RDD	小泉純一郎	45%	41%	14%
2006	7	RDD	小泉純一郎	43%	40%	17%
2006	8①	RDD	小泉純一郎	44%	40%	16%
2006	8②	RDD	小泉純一郎	47%	36%	17%
2006	9	RDD	安倍晋三	63%	18%	19%
2006	10	RDD	安倍晋三	63%	14%	23%
2006	11	RDD	安倍晋三	53%	21%	26%
2006	12	RDD	安倍晋三	47%	32%	21%
2007	1	RDD	安倍晋三	39%	37%	24%

年	月	方式	内閣	支持する	支持しない	その他
2002	1	RDD	小泉純一郎	72%	16%	12%
2002	2	RDD	小泉純一郎	49%	36%	15%
2002	3	RDD	小泉純一郎	44%	40%	16%
2002	4①	RDD	小泉純一郎	42%	40%	18%
2002	4②	RDD	小泉純一郎	40%	44%	16%
2002	5	RDD	小泉純一郎	38%	47%	15%
2002	6	RDD	小泉純一郎	37%	46%	17%
2002	7	RDD	小泉純一郎	47%	38%	15%
2002	8①	RDD	小泉純一郎	43%	42%	15%
2002	8②	RDD	小泉純一郎	51%	32%	17%
2002	9	RDD	小泉純一郎	61%	21%	18%
2002	10	RDD	小泉純一郎	59%	23%	18%
2002	11	RDD	小泉純一郎	65%	23%	12%
2002	12	RDD	小泉純一郎	54%	32%	14%
2003	1	RDD	小泉純一郎	47%	35%	18%
2003	2	RDD	小泉純一郎	44%	40%	16%
2003	3①	RDD	小泉純一郎	42%	45%	13%
2003	3②	RDD	小泉純一郎	43%	42%	15%
2003	4	RDD	小泉純一郎	45%	38%	17%
2003	5	RDD	小泉純一郎	48%	37%	15%
2003	6	RDD	小泉純一郎	47%	34%	19%
2003	7①	RDD	小泉純一郎	42%	36%	22%
2003	7②	RDD	小泉純一郎	42%	37%	21%
2003	8	RDD	小泉純一郎	49%	34%	17%
2003	9	RDD	小泉純一郎	59%	25%	16%
2003	11	RDD	小泉純一郎	47%	37%	16%
2003	12	RDD	小泉純一郎	41%	41%	18%
2004	1	RDD	小泉純一郎	43%	38%	19%
2004	2	RDD	小泉純一郎	44%	37%	19%
2004	3	RDD	小泉純一郎	49%	32%	19%
2004	4①	RDD	小泉純一郎	51%	31%	18%
2004	4②	RDD	小泉純一郎	50%	31%	19%
2004	5①	RDD	小泉純一郎	45%	36%	19%
2004	5②	RDD	小泉純一郎	54%	30%	16%
2004	6	RDD	小泉純一郎	40%	42%	18%
2004	7①	RDD	小泉純一郎	39%	50%	11%

年	月	方式	内閣	支持する	支持しない	その他
1998	11	電話	小渕恵三	21%	57%	22%
1998	12	面接	小渕恵三	26%	54%	20%
1999	1	電話	小渕恵三	32%	44%	24%
1999	2	電話	小渕恵三	37%	43%	20%
1999	3	面接	小渕恵三	33%	46%	21%
1999	4	電話	小渕恵三	36%	38%	26%
1999	5	電話	小渕恵三	41%	32%	27%
1999	6	面接	小渕恵三	49%	30%	21%
1999	8	電話	小渕恵三	49%	28%	23%
1999	9	電話	小渕恵三	51%	26%	23%
1999	10	電話	小渕恵三	46%	28%	26%
1999	11	面接	小渕恵三	41%	36%	23%
1999	12	面接	小渕恵三	43%	34%	23%
2000	1	電話	小渕恵三	39%	38%	23%
2000	2	電話	小渕恵三	39%	35%	26%
2000	3	面接	小渕恵三	36%	45%	19%
2000	4	電話	森喜朗	41%	26%	33%
2000	5	電話	森喜朗	19%	62%	19%
2000	6	電話	森喜朗	19%	59%	22%
2000	7	電話	森喜朗	29%	51%	20%
2000	8	電話	森喜朗	21%	56%	23%
2000	9	面接	森喜朗	28%	51%	21%
2000	10	電話	森喜朗	23%	56%	21%
2000	11	面接	森喜朗	18%	64%	18%
2000	12	面接	森喜朗	18%	65%	17%
2001	1	電話	森喜朗	19%	63%	18%
2001	2	電話	森喜朗	9%	79%	12%
2001	4	RDD	小泉純一郎	78%	8%	14%
2001	5	RDD	小泉純一郎	84%	6%	10%
2001	6	RDD	小泉純一郎	81%	8%	11%
2001	7	RDD	小泉純一郎	77%	9%	14%
2001	8	RDD	小泉純一郎	69%	17%	14%
2001	9	RDD	小泉純一郎	70%	14%	16%
2001	10	RDD	小泉純一郎	71%	13%	16%
2001	11	RDD	小泉純一郎	74%	15%	11%
2001	12	RDD	小泉純一郎	72%	17%	11%

年	月	方式	内閣	支持する	支持しない	その他
1994	7	電話	村山富市	35%	43%	22%
1994	7	面接	村山富市	35%	44%	21%
1994	9	面接	村山富市	40%	36%	24%
1994	11	面接	村山富市	39%	38%	23%
1994	12	面接	村山富市	41%	38%	21%
1995	3	面接	村山富市	38%	43%	19%
1995	6	面接	村山富市	42%	39%	19%
1995	9	面接	村山富市	34%	45%	21%
1995	10	面接	村山富市	35%	47%	18%
1995	12	面接	村山富市	33%	46%	21%
1996	1	電話	橋本龍太郎	61%	20%	19%
1996	2	面接	橋本龍太郎	47%	33%	20%
1996	3	電話	橋本龍太郎	36%	43%	21%
1996	5	面接	橋本龍太郎	44%	35%	21%
1996	7	面接	橋本龍太郎	47%	34%	19%
1996	9	面接	橋本龍太郎	48%	30%	22%
1996	11	電話	橋本龍太郎	55%	24%	21%
1996	11	面接	橋本龍太郎	53%	29%	18%
1996	12	電話	橋本龍太郎	55%	27%	18%
1997	2	電話	橋本龍太郎	42%	37%	21%
1997	3	面接	橋本龍太郎	43%	38%	19%
1997	4	面接	橋本龍太郎	44%	38%	18%
1997	5	電話	橋本龍太郎	45%	35%	20%
1997	6	面接	橋本龍太郎	43%	38%	19%
1997	9	面接	橋本龍太郎	53%	28%	19%
1997	9	電話	橋本龍太郎	35%	48%	17%
1997	11	電話	橋本龍太郎	44%	36%	20%
1997	12	面接	橋本龍太郎	36%	47%	17%
1998	1	電話	橋本龍太郎	31%	47%	22%
1998	3	面接	橋本龍太郎	36%	47%	17%
1998	4	電話	橋本龍太郎	28%	51%	21%
1998	5	面接	橋本龍太郎	31%	51%	18%
1998	6	電話	橋本龍太郎	26%	51%	23%
1998	8	電話	小渕恵三	32%	47%	21%
1998	9	電話	小渕恵三	21%	54%	25%
1998	10	面接	小渕恵三	23%	56%	21%

231　戦後歴代内閣の支持率

年	月	方式	内閣	支持する	支持しない	その他
1988	5	面接	竹下登	42%	29%	29%
1988	6	面接	竹下登	41%	29%	30%
1988	9	面接	竹下登	45%	29%	26%
1988	10	面接	竹下登	41%	31%	28%
1988	12	面接	竹下登	29%	47%	24%
1989	1	面接	竹下登	28%	49%	23%
1989	3	面接	竹下登	15%	68%	17%
1989	4	面接	竹下登	7%	84%	9%
1989	6	面接	宇野宗佑	28%	44%	28%
1989	9	面接	海部俊樹	39%	35%	26%
1989	10	面接	海部俊樹	42%	37%	21%
1989	12	面接	海部俊樹	35%	40%	25%
1990	1	面接	海部俊樹	37%	41%	22%
1990	3	面接	海部俊樹	49%	32%	19%
1990	5	面接	海部俊樹	52%	28%	20%
1990	7	面接	海部俊樹	56%	24%	20%
1990	9	面接	海部俊樹	56%	25%	19%
1990	12	面接	海部俊樹	49%	32%	19%
1991	2	面接	海部俊樹	47%	34%	19%
1991	6	面接	海部俊樹	50%	32%	18%
1991	9	面接	海部俊樹	50%	28%	22%
1991	11	面接	宮沢喜一	54%	24%	22%
1991	12	面接	宮沢喜一	45%	32%	23%
1992	3	面接	宮沢喜一	27%	56%	17%
1992	4	面接	宮沢喜一	33%	47%	20%
1992	9	面接	宮沢喜一	33%	47%	20%
1992	12	面接	宮沢喜一	20%	63%	17%
1993	3	面接	宮沢喜一	24%	58%	18%
1993	4	面接	宮沢喜一	26%	56%	18%
1993	9	面接	細川護熙	71%	12%	17%
1993	9	電話	細川護熙	73%	11%	16%
1993	11	面接	細川護熙	70%	12%	18%
1993	12	面接	細川護熙	60%	21%	19%
1994	1	電話	細川護熙	74%	12%	14%
1994	2	面接	細川護熙	57%	24%	19%
1994	5	面接	羽田孜	47%	32%	21%

年	月	方式	内閣	支持する	支持しない	その他
1980	12	面接	鈴木善幸	45%	36%	19%
1981	3	面接	鈴木善幸	37%	35%	28%
1981	4	面接	鈴木善幸	40%	38%	22%
1981	6	面接	鈴木善幸	36%	39%	25%
1981	10	面接	鈴木善幸	36%	36%	28%
1981	12	面接	鈴木善幸	40%	36%	24%
1982	3	面接	鈴木善幸	30%	49%	21%
1982	6	面接	鈴木善幸	30%	46%	24%
1982	9	面接	鈴木善幸	26%	52%	22%
1982	12	面接	中曾根康弘	37%	37%	26%
1983	2	面接	中曾根康弘	29%	43%	28%
1983	5	面接	中曾根康弘	30%	40%	30%
1983	8	面接	中曾根康弘	35%	43%	22%
1983	10	面接	中曾根康弘	34%	39%	27%
1983	12	面接	中曾根康弘	34%	41%	25%
1984	3	面接	中曾根康弘	45%	33%	22%
1984	6	面接	中曾根康弘	44%	31%	25%
1984	9	面接	中曾根康弘	40%	32%	28%
1984	10	面接	中曾根康弘	45%	30%	25%
1984	12	面接	中曾根康弘	42%	30%	28%
1985	3	面接	中曾根康弘	45%	30%	25%
1985	5	面接	中曾根康弘	47%	26%	27%
1985	6	面接	中曾根康弘	45%	25%	30%
1985	10	面接	中曾根康弘	46%	29%	25%
1985	12	面接	中曾根康弘	43%	27%	30%
1986	3	面接	中曾根康弘	53%	21%	26%
1986	5	面接	中曾根康弘	53%	22%	25%
1986	8	面接	中曾根康弘	48%	30%	22%
1986	10	面接	中曾根康弘	42%	32%	26%
1986	12	面接	中曾根康弘	39%	33%	28%
1987	3	面接	中曾根康弘	24%	56%	20%
1987	5	面接	中曾根康弘	31%	49%	20%
1987	9	面接	中曾根康弘	39%	38%	23%
1987	11	面接	竹下登	48%	22%	30%
1987	12	面接	竹下登	44%	24%	32%
1988	3	面接	竹下登	43%	28%	29%

 戦後歴代内閣の支持率

年	月	方式	内閣	支持する	支持しない	その他
1967	9	面接	佐藤栄作	38%	27%	35%
1968	8	面接	佐藤栄作	41%	37%	22%
1968	10	面接	佐藤栄作	38%	39%	23%
1968	12	面接	佐藤栄作	43%	41%	16%
1969	5	面接	佐藤栄作	38%	40%	22%
1969	9	面接	佐藤栄作	42%	41%	17%
1970	6	面接	佐藤栄作	45%	34%	21%
1970	9	面接	佐藤栄作	41%	28%	31%
1970	11	面接	佐藤栄作	46%	37%	17%
1971	5	面接	佐藤栄作	35%	46%	19%
1971	8	面接	佐藤栄作	32%	49%	19%
1971	12	面接	佐藤栄作	24%	58%	18%
1972	8	面接	田中角栄	62%	10%	28%
1973	4	面接	田中角栄	27%	44%	29%
1973	7	面接	田中角栄	25%	49%	26%
1973	11	面接	田中角栄	22%	60%	18%
1974	11	面接	田中角栄	12%	69%	19%
1974	12	面接	三木武夫	45%	19%	36%
1975	6	面接	三木武夫	34%	33%	33%
1975	11	面接	三木武夫	28%	34%	38%
1976	3	面接	三木武夫	26%	38%	36%
1976	10	面接	三木武夫	35%	31%	34%
1977	2	面接	福田赳夫	28%	34%	38%
1977	5	面接	福田赳夫	30%	36%	34%
1977	12	面接	福田赳夫	27%	40%	33%
1978	6	面接	福田赳夫	24%	43%	33%
1978	10	面接	福田赳夫	28%	36%	36%
1978	12	面接	大平正芳	42%	29%	29%
1979	3	面接	大平正芳	31%	30%	39%
1979	6	面接	大平正芳	33%	31%	36%
1979	8	面接	大平正芳	30%	35%	35%
1979	12	面接	大平正芳	27%	53%	20%
1980	3	面接	大平正芳	27%	50%	23%
1980	5	面接	大平正芳	32%	50%	18%
1980	7	面接	鈴木善幸	52%	18%	30%
1980	10	面接	鈴木善幸	36%	34%	30%

戦後歴代内閣の支持率

年	月	方式	内閣	支持する	支持しない	その他
1946	7	配布	吉田茂	32%	37%	31%
1947	1	配布	吉田茂	28%	49%	23%
1947	11	面接	片山哲	25%	54%	21%
1948	3	面接	芦田均	30%	31%	39%
1948	7	面接	芦田均	16%	52%	32%
1949	10	面接	吉田茂	43%	17%	40%
1950	4	面接	吉田茂	32%	19%	49%
1951	3	面接	吉田茂	43%	12%	45%
1951	9	面接	吉田茂	58%	10%	32%
1952	2	面接	吉田茂	33%	21%	46%
1952	9	面接	吉田茂	20%	38%	42%
1953	2	面接	吉田茂	27%	36%	37%
1953	3	面接	吉田茂	23%	46%	31%
1954	5	面接	吉田茂	23%	48%	29%
1955	1	面接	鳩山一郎	40%	8%	52%
1955	11	面接	鳩山一郎	39%	13%	48%
1956	8	面接	鳩山一郎	29%	41%	30%
1956	12	面接	石橋湛山	41%	11%	48%
1957	3	面接	岸信介	33%	13%	54%
1957	7	面接	岸信介	42%	17%	41%
1957	11	面接	岸信介	38%	27%	35%
1958	9	面接	岸信介	32%	30%	38%
1959	2	面接	岸信介	26%	42%	32%
1960	1	面接	岸信介	28%	44%	28%
1960	5	面接	岸信介	12%	58%	30%
1960	8	面接	池田勇人	51%	17%	32%
1961	3	面接	池田勇人	39%	32%	29%
1961	8	面接	池田勇人	43%	26%	31%
1962	8	面接	池田勇人	47%	27%	26%
1963	6	面接	池田勇人	43%	29%	28%
1964	6	面接	池田勇人	38%	30%	32%
1964	11	面接	佐藤栄作	47%	14%	39%
1965	8	面接	佐藤栄作	37%	25%	38%
1966	4	面接	佐藤栄作	30%	26%	44%
1966	11	面接	佐藤栄作	25%	38%	37%
1967	3	面接	佐藤栄作	38%	31%	31%

吉田貴文

1962年、兵庫県に生まれる。朝日新聞社史編修センター員。1986年、朝日新聞社入社。政治部で首相官邸、自民党、外務省、防衛庁(現・防衛省)、環境庁(現・環境省)などを担当。1998年以降、主に世論調査センターで調査の企画・実施・分析に従事する。内閣・政党支持率など有権者の政治意識、憲法観などを探る一方、衆参両院選挙の情勢調査や国際調査にもかかわる。

著書には『政治を考えたいあなたへの80問』(共著、朝日新聞社)がある。

講談社+α《プラスアルファ》新書 425-1 C

世《よ》論《ろん》調《ちよう》査《さ》と政治《せいじ》

数字はどこまで信用できるのか

吉《よし》田《だ》貴《たか》文《ふみ》

2008年11月20日第1刷発行

発行者——— 野間佐和子
発行所——— 株式会社 講談社
東京都文京区音羽2-12-21 〒112-8001
電話 出版部(03)5395-3528
販売部(03)5395-5817
業務部(03)5395-3615
編集協力——— 株式会社スタジオ・フォンテ
デザイン——— 鈴木成一デザイン室
カバー印刷——— 共同印刷株式会社
印刷——— 豊国印刷株式会社
製本——— 株式会社若林製本工場
本文データ制作——— 講談社プリプレス管理部

落丁本・乱丁本は購入書店名を明記のうえ、小社業務部あてにお送りください。

送料は小社負担にてお取り替えします。

なお、この本の内容についてのお問い合わせは生活文化局Cあてにお願いいたします。

Printed in Japan ISBN978-4-06-272536-1 定価はカバーに表示してあります。

講談社+α新書

実録 アングラマネー 日本経済を喰いちぎる闇勢力《ヤクザ》たち
有森 隆+グループK
昔気質の派手な抗争を控えた暴力団がシノギを手に入れていたのは「上場市場」からだった！
933円 418-1 C

鬱のパワー 落ち込んだあとに3歩前進する方法
門倉真人
ポジティブをやめて、心を省エネモードに!! 決定版！ 鬱を人生の大チャンスに変える方法
838円 419-1 A

心臓病の9割は防げる
小坂眞一
血圧、脂質、血糖、そしてタバコ。心臓を悪くする4大悪因と、今日からできる生活習慣改善
838円 421-1 B

あなたは、なぜ「自分に似た人」を探すのか 崩壊する「大衆」と台頭する「鏡衆」
宮城美幸
思わぬものがヒット商品や話題になるご時世。ブームの裏に隠された、日本人の心理とは⁉
876円 422-1 C

イギリス式「完全禁煙プログラム」
ジリアン・ライリー 藤田真利子 訳
なんと成功率75％！「カネ」も「道具」も「手間」もかけずに、言葉5つでやめる方法とは⁉
838円 423-1 B

草食系男子「お嬢マン」が日本を変える
牛窪 恵
飲まない、買わない、セックスしない。オンナ化する男子たちが先取りする日本の未来とは⁉
838円 424-1 C

世論調査と政治 数字はどこまで信用できるのか
吉田貴文
支持率は本当に必要か？ その真の役割とは？ 世論調査大国で政治とどう向き合うべきなのか
895円 425-1 C

モンスターワイフ 幸せなふりはもうしない
二松まゆみ
女の魅力をなくした妻は一生、夫に抱かれない。もう一度愛されるための「妻の作法」を初公開
838円 426-1 A

睡眠で人生が劇的に変わる生体時計活性法
神山 潤
仕事も勉強もダイエットも、なぜか大成功!! 狂った生体時計を、ほんの少し調整するだけ！
838円 427-1 B

男は「段取り脳」でよみがえる
米山公啓
土・日・休日にひとりぼっちのお父さん、料理・洗濯・掃除・買い物の家事で脳を鍛えよう！
838円 428-1 C

退職金は何もしないと消えていく 60歳から「経済的自由」を手にする投資勉強法
野尻哲史
1000人規模の徹底調査で明らかになった日本人の間違いだらけの老後マネーの実態と対策
838円 429-1 C

表示価格はすべて本体価格（税別）です。本体価格は変更することがあります

講談社+α新書

「強い心」を作る技術
岡本正善
メンタルトレーニングの第一人者が、逆境に負けないタフな心を磨く極意を親子に実践伝授！
800円 377-1 C

メンタル失敗学 エゴグラムで読み解く「5つの性格」
岡本正善
人はなぜ、同じ過ちをくり返すか？ メンタルタイプ別失敗克服法で成功があなたの手の中に
800円 377-2 C

武道vs.物理学
保江邦夫
三船久蔵十段の「空気投げ」からグレイシー柔術の隠し技まで武道の奥義に科学のメスを入れる
800円 378-1 C

腸内リセット健康法
松生恒夫
大腸ガン、便秘、メタボリック、アレルギーに克《か》つ！ 1週間でできる「健康な腸」づくり!!
800円 379-1 B

京都・同和「裏」行政 現役市会議員が見た「虚構」と「真実」
村山祥栄
終結したはずの同和事業の闇に敢然と立ち向かった若手市議がタブーの現場で見た実態とは？
800円 380-1 C

江戸の歴史は大正時代にねじ曲げられた サムライと庶民365日の真実
古川愛哲
時代劇で見る江戸の町と暮らしは嘘ばっかり!! 武士も町人も不倫三昧、斬捨御免も金で解決！
800円 381-1 C

九代将軍は女だった！ 平成になって覆された江戸の歴史
古川愛哲
徳川幕府が隠蔽してきた驚愕の史実を超満載！ 科学が解き明かした九代将軍家重の正体とは!?
800円 381-2 C

韓国人を愛せますか？
朴《パク》倧玄《チョンヒョン》
「近くて遠い」韓国と日本の距離は縮まったのか？ 韓流「友情・愛情・セックス観」を知ろう
800円 382-1 C

韓国人は好きですか？
朴倧玄
ヒット作『韓国人を愛せますか？』第2弾。韓流「パワー・オシャレ・甘え・ジョーク」集！
800円 382-2 C

肝臓病の「常識」を疑え！ 世界的権威が説く肝臓メンテナンス法
高山忠利
酒の飲み過ぎ→肝炎→肝硬変→肝がんは古い常識。正しい知識があれば、肝臓病は怖くない！
800円 383-1 B

がん予防に実は「日光浴」が有効なわけ ビタミンDの驚きの効力
平柳要
紫外線は悪者ではない!? 最新の医学研究で効果が示された、ビタミンDの画期的がん予防力
800円 384-1 B